本书获二〇二一年贵州省出版传媒事业发展专项资金资助

本书获贵州省孔学堂发展基金会资助

【阳明文库】

古籍整理系列

元山文选……

〔明〕席书 著

陆永胜 刘小伟 点校

孔學堂書局

本书获2021年贵州省出版传媒事业发展专项资金资助

本书获贵州省孔学堂发展基金会资助

图书在版编目（CIP）数据

元山文选 / (明) 席书著 ; 陆永胜, 刘小伟点校
.– 贵阳 : 孔学堂书局, 2023.11（2025.2重印）
（阳明文库.古籍整理系列）
ISBN 978-7-80770-470-6

Ⅰ.①元… Ⅱ.①席… ②陆… ③刘… Ⅲ.①王守仁
（1472-1528）－哲学思想－文集 Ⅳ.①B248.25-53

中国国家版本馆CIP数据核字(2023)第174460号

阳明文库（古籍整理系列）

元山文选　席书著　陆永胜　刘小伟　点校
YUANSHANWENXUAN

项目策划：苏　桦

项目执行：张发贤

责任编辑：陈　真

书籍设计：曹琼德

责任印制：张　莹

出版发行：贵州日报当代融媒体集团
　　　　　孔学堂书局

地　　址：贵阳市乌当区大坡路27号

印　　刷：北京世纪恒宇印刷有限公司

开　　本：889mm×1194mm　1/24

字　　数：145千字

印　　张：6.5

版　　次：2023年11月第1版

印　　次：2025年2月第2次

书　　号：ISBN 978-7-80770-470-6

定　　价：58.00元

阳明文库

目录

卷之三　奏议

席书心学思想刍论

席书（1461—1527），字文同，号元山，今四川省遂宁市蓬溪县人。明代著名政治家、思想家、礼学家。明弘治二年（1489）中举人，三年（1490）中进士，初授郯城知县，后任工部都水司主事，旋移户部，进户部山东司员外郎，后改户部山西司主事，历任河南司员外郎、河南佥事。正德年间，升任贵州提学副使，历河南参政、浙江按察使、山东右布政使、云南右布政使、福建左布政使、督察院右都御史等。嘉靖间，官至南京兵部右侍郎，后为"大礼新贵"，授礼部尚书，加太子少保，后加武英殿大学士，入阁为辅臣，赐第京师。嘉靖六年（1527）十月，病卒于京师，归葬蓬溪，诰授光禄大夫、赠太傅，谥文襄，入祀理学名臣祠。席书著述有《元山文选》五卷、《春秋论》一卷、《大礼集议》一卷、《鸣冤录》五卷、《大礼纂要》、《席文襄公奏疏》、《救荒策》等，编著《漕船志》。席书于政事、吏行皆有特出者，《明史·席书传》亦重于此。今人关于席书的研究，主要侧重三个方面：第一，席书的生平与家世谱系研究；[①] 第二，席书与王阳明的交往及对心学的影响研究；[②] 第三，关于席书之文思治行的综合研究。[③] 然仔细检视当前研究成果，对于席书心学思想之发明者甚少。

---

① 参见胡传淮编著：《明代蜀中望族：蓬溪席家》，中国文史出版社2013年版；胡传淮、孙蛟龙：《席书年谱简编》，《四川职业技术学院学报》2018年第6期。

② 参见陆永胜：《王阳明龙冈书院讲学考论》，《中山大学学报（社会科学版）》2017年第1期；李承贵：《论席书对阳明心学的特殊贡献》，《东南大学学报（哲学社会科学版）》2020年第5期；刘恒武、陈名扬：《王阳明文明书院讲学史实考辨——以席书致王阳明系列书简为中心》，《浙江社会科学》2021年第7期；金城、赖少伟：《席书与王阳明交游考——以文明书院为中心》，《赣南师范大学学报》2022年第1期。

③ 参见张丽平：《明代名臣席书研究》，西华师范大学2020年硕士学位论文。

一、席书心学思想的触发

正德四年（1509）五月，席书获擢升为贵州提学副使，①时值王阳明贬谪龙场期间。其时，王阳明已于正德三年（1508）春在"玩易窝"悟道，后得东洞（今阳明洞）居之，并建龙冈书院授徒讲学，发明其所悟并证诸"五经"的心即理、知行合一等学说，②黔籍弟子云集景从，湖南、江西、云南等客籍弟子负笈来学，影响日盛。③在席书之前，毛科于正德三年已经邀请过王阳明到贵阳讲学，王阳明最初在《答毛拙庵见招书院》中以称病和学业荒疏为由拒绝："野夫病卧成疏懒，书卷长抛旧学荒。岂有威仪堪法象？实惭文檄过称扬。移居正拟投医肆，虚席仍烦避讲堂。范我定应无所获，空令多士笑王良。"④正德四年春，阳明又最终接受毛科之聘，短期旅居贵阳文明书院。⑤同年四月，毛科致仕，王阳明作《送毛宪副致仕归桐江书院序》以别，"正德己巳夏四月，贵州按察司副使毛公承上之命，得致其仕而归"⑥，并于同月回到龙场。

席书甫一到任，便邀请王阳明再次主讲文明书院："曩者应奎⑦毛先生在任之日，重辱执事，旅居书院，俯教承学，各生方仰有

---

① 参见周作楫辑，朱德璲刊：《贵阳府志》卷一，贵阳市地方志编纂委员会办公室校注，贵州人民出版社 2004 年版，第 33 页。另有一说认为席书是以按察司副使的身份提学贵州。参见爱必达修：《贵阳府》，《黔南识略·黔南职方纪略》，杜文铎等点校，贵州人民出版社 1992 年版，第 25 页。但据《贵阳府志》记载，贵州在"孝宗弘治末，始专设提学副使"，"始设提学副使，罢屯田副使，以其事归之"。第一任提学为沈庠，第二任为弘治十五年任职的毛科，第三任即是席书。参见周作楫辑，朱德璲刊：《贵阳府志》卷七，贵阳市地方志编纂委员会办公室校注，第 228、233 页。

② 参见陆永胜：《心·学·政——明代黔中王学思想研究》，中华书局 2016 年版，第 80—82、99—100 页。

③ 参见陆永胜：《心·学·政——明代黔中王学思想研究》，第 99—100 页。

④ 王阳明：《答毛拙庵见招书院》，《王阳明全集（新编本）》卷十九，吴光、钱明、董平等编校，浙江古籍出版社 2010 年版，第 742 页。

⑤ 阳明受聘毛科，居住贵阳多长时间呢？在阳明的"居夷诗"中有《元夕二首》《元夕雪用苏韵二首》《元夕木阁山火》共五首诗，其中有"独向蛮村坐寂寥""蛮居长叹食无盐""荒村灯夕偶逢晴"等句，表明正德三年的元夕阳明还在龙场。而在《来仙洞》《太子桥》《春日花间偶集示门生》中分别有"古洞春寒客到稀，绿苔荒径草霏霏""乍寒乍暖早春天，随意寻芳到水边"和"闲来聊与二三子，单夹初成行暮春"等诗句，而"来仙洞""太子桥"都是贵阳的。"春寒""早春""暮春"则表明阳明此次旅居贵阳是在春天。阳明正德三年春到达龙场，正德四年元夕离开贵州境内，所以上述的元夕和春天只能是正德三年的元夕和正德四年的春天，这和席书的《与王阳明书》和王阳明的《送毛宪副致仕归桐江书院序》中的记载是互相印证的，从而也表明，阳明此次居贵阳时间并不长。

⑥ 王阳明：《送毛宪副致仕归桐江书院序》，《王阳明全集（新编本）》卷二十二，吴光、钱明、董平等编校，第 913 页。

⑦ 底本原作"光"，误，毛科字应奎，据此修改为"奎"。

成，不意毛公偶去，执事遂还龙场，后生咸失依仗。"[①]并且以韩愈、柳宗元比拟王阳明贵州讲学的意义："昔韩、柳二公各以抗疏忤时，远谪二广，二广之人感其道化，至今庙食无穷。执事以文名时，以言遭贬，正与二公相类，安知他日贵人之思执事不如广人之思二公乎？"[②]可谓言真意诚，也正合了黔人后世对阳明的崇祀。[③]

王阳明接受了席书的聘请，并拟于正德四年九月赴贵阳。席书考虑当时的人情事变和文明书院的筹备情况，为阳明之方便计，建议其再等"旬月"来贵阳："昨据二生云，执事将以即月二十三日强就贵城。窃谓时近圣诞，倘一入城，闭门不出，于礼不可；步趋于群众之中，于势不能。且书欲于二十六七小试诸生毕，择可与进者十余人以侍起居。可烦再逾旬日，候书遣人至彼，然后命驾，何如？草遽多言，不及删次，惟情察不宣。是月二十一日，书，再拜。"[④]王阳明接受了席书的建议，于次月即闰九月抵筑主讲文明书院。[⑤]

席书对阳明礼敬有加，亲率士子以师礼事阳明，并多次在公余到文明书院问学。王阳明《年谱》记载："是年先生（阳明）始论知行合一。始席元山书提督学政，问朱陆同异之辨。先生不语朱陆之学，而告之以其所悟。书怀疑而去。明日复来，举知行本体证之《五经》诸子，渐有省。往复数四，豁然大悟，谓'圣人之学复睹于今日；朱陆异同，各有得失，无事辩诘，求之吾性本自明也'。遂与毛宪副修葺书院，身率贵阳诸生，以所事师礼事之。"[⑥]《年谱》所记并不详实。[⑦]"求之吾性本自明也。"这对于"自入遐方，久不奉接君子之论"[⑧]的席书而言，不啻为"贵阳悟道"，抑或说，

---

① 见本书第 119 页。
② 见本书第 119 页。
③ 清代田雯在《阳明书院碑记》中有记："黔之士肆成人有德，小子有造，岁时伏腊，咸走龙场致奠，亦有遥拜于其家者。先生之教何其广，而泽何其深且远欤！"田雯：《阳明书院碑记》，周作楫辑，朱德璲刊：《贵阳府志》余编卷八，贵阳市地方志编纂委员会办公室校注，第 1794 页。
④ 见本书第 120 页。
⑤ "《春王正月》稿，乃书戊午岁在淮时所为，昨听教及此，归阅遗稿，宛有暗合阳明之意。……尤有不敢深自许者，兹幸有一得之中，愿终教也。闰九月十八日稿呈"，表明王阳明在闰九月十八日已到文明书院，并开始讲学，且和席书有交流论学。
⑥ 钱德洪：《年谱一》，王阳明：《王阳明全集（新编本）》卷三十二，吴光、钱明、董平等编校，第 1235 页。
⑦ 此处《年谱》所记有两处当勘误：其一，"始论知行合一"，知行合一在龙场时已经提出，兹不赘述；其二，"遂与毛宪副修葺书院"，阳明应席书之聘至贵阳时，毛科已经离开贵阳，此点前文亦有辨析，不赘述。
⑧ 见本书第 119 页。

是其心学的起点。当然，在阳明抵筑之前，席书和王阳明已有书信往来，但所论者多围绕敦请讲学及科举课文之事，①未有真正意义上心学思想的触发。

席书聘请王阳明主讲文明书院一事对于阳明学思想史，特别是黔中王学思想史而言，不仅是一件标志性的学案，也是具有思想史意义的事件，一则因为阳明《年谱》对此记载之不详和讹误，造成对阳明讲学地点、讲学内容、"知行合一"的提出、学派弟子构成等的长期争论得以平息；二则因为其丰富的思想史意涵。具体而言，第一，从心学思想的传承讲，席书可以为阳明的龙场弟子，从事师礼的地点讲，当属于贵阳及门弟子；第二，于席书而言，此是其心学思想形成的重要契机；第三，于阳明心学而言，此是其由民间书院讲学到官办书院讲学的转折点，标志着其由"学"的领域转进到"政"的领域。而席书是此转进之机的创造者；第四，于黔中王学而言，形成了黔中王学四大重镇之一的贵阳王学，对于贵州以心学为内核的思想世界的形成起到重要推动作用。于此，郭子章在《黔记》有记载："（席书）性嗜静养，学问根本周程。课士先德行后文艺。时王文成谪丞龙场驿，倡良知之学。乃具书敦请训迪诸生。……文成既入文明书院，公暇则就书院论学，或至夜分，诸生环而观听者以百数。自是贵人士知从事心性，不汩没于俗学者，皆二先生之倡也。"②郭子章曾评之曰："席文襄为户部郎，论樊侍郎莹，贵州缙绅赖以保全。后为督学，延王文成公讲学文明，贵州士类赖以兴起。尸祝于黔，宜乎，宜乎。"③《明史·席书传》亦云："时王守仁谪龙场驿丞，书择州县子弟，延守仁教之，士始知学。"④可见，无论于心学的发明，还是学派的建构，席书对于黔中王学的贡献都是很大的。

---

① 参见本书第 119 页。

② 郭子章：《宦贤列传六》，《黔记》卷三十九，明万历三十六年刻本。道光《贵阳府志》卷五十六有类似的记载："书性嗜静养，学问以周程二子为宗，课士先德行后文艺，时王守仁谪龙场驿丞，书择州县子弟入文明书院，而以书敦请王守仁主之……守仁既就书院，书公余则往见，论学或至夜分，诸生环而观听者以数百。自是，贵人士始知有心性之学。"参见周作楫辑，朱德璲刊：《贵阳府志》卷五十六，贵阳市地方志编纂委员会办公室校注，第 1108 页。

③ 郭子章：《宦贤列传六》，《黔记》卷三十九，明万历三十六年刻本。

④ 张廷玉等：《席书传》，《明史》卷一百九十七，中华书局 1974 年版，第 5202 页。

二、席书心学思想风貌

自文明书院定交论学后，席书的心学思想得到了王阳明的肯定。阳明在离黔后的正德十六年（1521）有《与席元山》书："向承教札及《鸣冤录》，读之见别后学力所到，卓然斯道之任，庶几乎天下非之而不顾，非独与世之附和雷同从人非笑者相去万万而已。喜幸何极！……存心养性之外，无别学也。"①在嘉靖二年（1523）的《寄席元山》中有类似的表达："向见《鸣冤录》及承所寄《道山书院记》，盖信道之笃，任道之劲，海内同志莫敢有望下风者矣，何幸何幸！"可见，在阳明看来，席书自贵阳受学，已经成为心学学派的重要一员。席书也曾多次表达从教心学的志愿，"兹幸有一得之中，愿终教也"②，"今虽不能旦夕亲炙门下，尚获使问往来，幸惟莫吝教言下怀，不胜幸甚"③。可见，席书对自己的心学思想亦是有自信的。

从现有文献而言，席书与王阳明实质意义上的初次论学是围绕"科举"展开的。席书认为举子之业中虽有"前哲遗训"，但最终不过是功利之习："今举业之学，与古圣贤之学，诚不同科矣。然举业者，时王之制也。书少以父师之命，攻举子之业，乃于其中获闻前哲遗训，亦尝求所谓'志伊尹之所志，学颜子之所学'矣。然一暴十寒，不能不夺于文业之习。故自登第以后，作县迄今，所奔走者形势，所趋向者利禄，如醉如梦二十余年。求如攻举子业时，所窃闻于前哲者，非惟无所闻，抑亦不求所闻，殆将终身焉者。"④席书的这一观点在收到王阳明的来信后有了改变："昨领来教，使书畴昔所未泯者，若提酗惊寐，恍然若有觉者。执事先声所及已如此，而况得而亲炙乎？"⑤"来教"所指者何？今已难以考证。但王阳明在正德三年（1508）曾作《重刊文章轨范序》，谈到了对举业的看法："是故饰羔雉者，非以求媚于主，致吾诚焉耳；工举业者，非以要利于君，致吾诚焉耳。""夫知恭敬之实在于饰羔雉之前，则知尧、舜其君之心，不在于习举业之后矣；知洒扫应对之可

---

① 王阳明：《与席元山》，《王阳明全集（新编本）》卷五，吴光、钱明、董平等编校，第193—194页。
② 见本书第120页。
③ 见本书第122页。
④ 见本书第119页。
⑤ 见本书第119页。

以进于圣人，则知举业之可以达于伊、傅、周、召矣。"①王阳明
这里视举业为手段，而非目的。作为手段的举业以"诚"为前提，
以"进于圣人""达于伊、傅、周、召"为目标，强调了"心"的
内在主体性和成就大人之学的德性内涵，"习举业"在某种意义上
成为心学"事上磨练"的功夫。在席书聘请王阳明讲学文明书院之
前，王阳明已在龙场龙冈书院讲学年余，并作有《教条示龙场诸
生》，有"立志""勤学""改过""责善"四条训示诸生。从成
文时间看，《重刊文章轨范序》亦作于此期间。席书聘请阳明，
"复以课文之习以烦执事"，那么，二人谈到对举业之习的看法也
是当然之事。②席书显然接受了王阳明对"举业之习"的心学化解
释："书以是知误天下之豪杰者，举业也。然使天下士借是而知所
向上者，亦举业也。""今之教者，能本之圣贤之学，以从事于举
业之学，则亦何相妨哉！"③于此可管窥席书心学思想之端绪。

　　席书讲道："《春王正月》稿，乃书戊午岁在淮时所为。昨听
教及此，归阅遗稿，宛有暗合阳明之意。"④席书所作《春王正月》
已佚失不可考，但显然此处体现了席书对王阳明以心解《春秋》的
认同和接受。所谓"阳明之意"，即"信乎古今天下，此心此理，
本无二矣。始书私论《春秋》，颇有不信传而信经，不信人而信
心"⑤。这里蕴含着心与理一的心本论立场。

　　那么，王阳明是如何训释"春王正月"呢？王阳明于龙场悟道
后作《五经臆说》以证心，而其训释《五经》的方法是以己意训
之⑥。《五经臆说十三条》中有"元年春王正月"一条：

　　元年春王正月〇人君即位之一年，必书"元年"。元者，

----

① 王阳明：《重刊文章轨范序》，《王阳明全集（新编本）》卷二十二，吴光、钱明、董平等编校，
第 917 页。
② 据《王阳明全集》，《重刊文章轨范序》作于"戊辰"，即正德三年，且文体为"序"，此显
然不合于席书所言"昨领来教"的书信体例，而且也与席书去信（见本书第 119 页）成文时间的
正德四年相去甚远。但从《重刊文章轨范序》的最后一句"吾惧贵阳之士谓二公之为是举，徒以
资其希宠禄之筌蹄也，则二公之志荒矣，于是乎言"来看，"二公"与席书《与王阳明书》所言"二
司"有一定对应性。故可推测，《重刊文章轨范序》未必定为阳明给席书的书信，但和贵阳讲学
科举是有关的。
③ 见本书第 120 页。
④ 见本书第 120 页。
⑤ 见本书第 120 页。
⑥ 王阳明：《五经臆说序》，《王阳明全集（新编本）》卷二十二，吴光、钱明、董平等编校，
第 917 页。

始也，无始则无以为终。故书元年者，正始也。大哉乾元，天
之始也。至哉坤元，地之始也。成位乎其中，则有人元焉。故
天下之元在于王，一国之元在于君，君之元在于心。"元"也
者，在天为生物之仁，而在人则为心。心生而有者也，曷为为
君而始乎？曰："心生而有者也。未为君，而其用止于一身；
既为君，而其用关于一国。故元年者，人君为国之始也。当是
时也，群臣百姓，悉意明目以观维新之始。则人君者，尤当洗
心涤虑以为维新之始。故元年者，人君正心之始也。"曰：
"前此可无正乎？"曰："正也，有未尽焉，此又其一始也。
改元年者，人君改过迁善，修身立德之始也，端本澄源，三纲
五常之始也；立政治民，休戚安危之始也。呜呼！其可以不慎
乎？"[1]

阳明训"元"为"始也"，强调了"元"的本源性地位。
"元"是起点，也是源头。"无始则无以为终"，"元"不仅是个
发端处，而且在根本的意义上，它还要贯穿始终。正如人君即位第
一年为"元年"，只有有了这个"第一年"，才有后面的编年序
列，但作为存在者的"第一年"的因素始终贯穿在整个编年中。在
阳明看来，天、地、人三才都各自有其"始"，天为乾元，地为
坤元，人有人元。但是天、地、人的"元"并不是相互独立的。
"'元'也者，在天为生物之仁，而在人则为心。"天之元即生物
为仁，这就强调了"元（仁）"的萌发和推延的意义，人之元为
心，心作为人之本源，也同样具有"仁"的价值和意义。所以，
"元"对于天地万物而言，具有化生万物的主宰作用，"心"对
于人而言也同样具有主宰作用。这种主宰作用在某种意义上即是强
调"元"是万物化生的依据，"心"是人的根据，抑或说是一种本
体。所以，当天下之"元"在于"心"时，心体的发用可以达乎一
身、一国乃至天下。[2]由阳明的训释和席书的认同可知，席书此时已
然确立了心本论的心学立场，"时无同志，尚虑或出意见，尤有不
敢深自许者。兹幸有一得之中，愿终教也"[3]。当然，在阳明的训释

---

[1] 王阳明：《五经臆说十三条》，《王阳明全集（新编本）》卷二十六，吴光、钱明、董平等编校，第 1024 页。
[2] 陆永胜：《心·学·政——明代黔中王学思想研究》，第 85 页。
[3] 见本书第 120 页。

中，其内涵不限于此，其心学内涵是十分丰富的。

席书在阳明离黔后仍保持着与之书信论学，席书曾寄《鸣冤录》和《道山书院记》给阳明，阳明阅后赞其"卓然斯道之任""信道之笃，任道之劲"，心学思想愈益坚固挺显。席书在《鸣冤录序》中开宗明义道："《鸣冤录》者，录陆氏之冤而鸣之也。"陆象山之冤者，朱熹谓之禅学也。席书"及予宦四方，得陆氏语录文集，三读其言，抚膺叹曰：'呜呼！冤乎！孰谓陆公为禅乎？'再取读之，不徒非禅也，且若启蔽提聋，而中有戚戚焉，又从而叹曰：'予晚出迷途，幸矣'"，进而有感于"自孟氏道远，伊洛言湮，而心学失传"。席书认为后世对象山学之偏见，在于朱熹晚年之"悔悟"没有被重视，"及朱氏晚年悔悟，自恨盲废之不早，惜乎易箦已至，其书已行，不可追挽。后之君子不究晚年至论，师尊中年之书，过于六经、《语》、《孟》，使朱氏之心不得表白于后世，负冤者不徒陆氏，而吾考亭夫子含冤九地亦不浅矣"①。席书此论与王阳明《朱子晚年定论》之主旨具有异曲同工之妙，无怪乎王阳明在《与席元山》《寄席元山》两书中对之褒奖有加。席书甚至在《道山书院记》中考究了朱陆在"澄心主静""体认大本"上本是同源，只因"鹅湖之会"而生嫌隙，"自龟山得师伊洛，授于罗李，一以澄心主静为本，其孔孟心学之一脉乎！延平亲诏元晦，令于静中体认大本未发时气象，师友渊源，诚有自矣。惜鹅湖仇论之后，朱陆门人，各立门户，争相树党，使孔孟大中至正之道，竟涉多言，几于晦坠，无亦学之者之过与"②。于当时时局而言，席书此论表面上是调和朱陆，实质上是意欲调和当时理学与心学的争辩，这和阳明的态度是一致的。所以，席书编著《鸣冤录》有着更为现实的意义，"书不揣愚昧，妄为陆氏鸣者，为今日诸君鸣也"③。于此可见其持守心学的学术立场和学派立场。席书为陆象山鸣冤，其所鸣者在于"斯文未丧，此心不死"④，其心学之念、为学之志由此可见。

关于心学功夫，席书也提出了自己的见解，他论道：

---

① 以上均见本书第 21 页。
② 见本书第 39 页。
③ 见本书第 121 页。
④ 见本书第 21 页。

《大学》补传：正以穷理，字义不能为格物之训，致起纷纷。今欲立为议论，以破他人之说，必先考详字义，清切义理，稳当后可服人。"正"字训"格"，出于《尚书》。《孟子》既不足训，而《文言》学聚问辩字语无关，乃可为"格"训乎？……今率意乱言，自谓破千古之疑，观此议论，敢望格致之门壁乎？可付一笑！①

《大学》是朱子学和阳明学之大厦的根基，《大学》改本和古本之争由来已久。席书不从版本谈起，而是直从朱熹《大学》补传契入，主张"正以穷理"，"正"字训"格"，从朱子学文本从发，达到朱子学与阳明学的沟通，收釜底抽薪之效。但客观而言，这种论证方式有异于王阳明，并带来理解上的张力。王阳明从《大学》古本出发，强调"诚意"的优先性，将格物、致知、正心统摄其中，四者一以贯之。在此意义上，训"格"为"正"，格物即是正物，物为意中之物，故正物即是正心。同样，在诚意的统摄下，致知即是致心中之理。由此从内在性视角，确立了"心即理"的命题。而席书从朱子《大学》改本出发，把"正"字训为"格"字，正心即格心，那么，心是理，还是物？如心即理，格心即是一种内向性功夫，结果就是心外无理，心物为一。如心为物，格心即是把心作为穷理的中介，在某种意义上，这仍是肯定了朱子学心理为二和理的外在性。由此，"正以穷理"也出现了两种不同的理解向度：第一，正心即是穷理，显然是肯定了心与理一的心学本体论；第二，正心才能穷理，肯定了心与理的不同层阶和二分性。席书对朱子学文本作心学化解读，一方面体现了王阳明及其一代弟子汲汲以求调和朱王的目的，也是当时阳明学的处境所决定的其正统化、道统化、政治化的必由之途；另一方面也体现出席书在心学功夫的体证上还存在不纯熟之处。这也许正是席书问学阳明"今率意乱言，自谓破千古之疑，观此议论，敢望格致之门壁乎"，并自谦为"可付一笑"的原因吧！关于此信此问，王阳明如何回复已不可考，但阳明在席书殁后所作的《祭元山席尚书文》中似乎又给出了答案："盖其所论虽或亦有动于气、激于忿，而其心事磊磊，则如

① 见本书第122页。

青天白日，洞然可以信其无他。"①此或亦可作为席书心学思想风貌的盖棺定论。

三、席书心学思想的实践

席书心学思想之实践最可彰著者即是"大礼议"事件。正德十六年（1521），明武宗朱厚照壮年而崩，既无子嗣，亦无立储。后由其母张太后与阁臣、宦官商议，推举其堂弟、藩王朱厚熜继位，是为世宗，改元嘉靖。朝廷旧臣杨廷和等为了维护和彰显势力，强迫世宗改称伯父即武宗之父孝宗为父，伯母即武宗之母慈寿皇太后为母，而称其亲生父亲即兴献王为叔父，生母为叔母。世宗坚决不从，乃命集议，由此形成维礼派和议礼派。席书、黄绾、黄宗贤、黄宗明、霍兀涯、方献夫、吕柟等阳明学弟子和张璁、桂萼等构成议礼派，支持世宗的合理诉求，此中又以席书为特出者。

席书从"礼本人情"出发，认为杨廷和等旧臣让世宗以伯为父，以父为叔，有违伦理纲常。而且，世宗继位是继统，而非继嗣，因此，世宗尊称生父为皇考，生母为圣母，甚至为生父别立显陵等，大伦大统，各有所归，尊尊亲亲，互不相悖。席书所论，其根本理据在于"世无二道，人无二本"，这在根本上肯定了理不外于心，心理不二。礼者，理也，道也。人情者，心之所发也，理之条理也。如阳明所言："喜怒哀惧爱恶欲，谓之七情。七者俱是人心合有的，但要认得良知明白。"②"乐是心之本体，虽不同于七情之乐，而亦不外于七情之乐。"③在心学看来，人情是本于理的，要"认得良知明白"。因此，席书之"礼本人情"并不是建立在肆情恣意的基础上，而是良知的基础上，有着基本的德性规范，凸显了道德的主体性和伦理面向。扩而言之，席书对"礼本人情"的强调体现出其为道不为君的心学气质。在阳明心学，良知是人人具有的，在此意义上，君与民同。基于良知的为政，是行天下之道，而非为君之道。这一点在阳明学的"觉民行道"中有充分的体现。席书作为"大礼新贵"其实很难洗脱"为君"之嫌，这也是其受到诟

① 王阳明：《祭元山席尚书文》，《王阳明全集（新编本）》卷二十五，吴光、钱明、董平等编校，第1009页。
② 王阳明：《传习录下》，《王阳明全集（新编本）》卷三，吴光、钱明、董平等编校，第122页。
③ 王阳明：《传习录中》，《王阳明全集（新编本）》卷二，吴光、钱明、董平等编校，第76页。

病的原因。那么，如何看待"大礼议"中席书的心学立场及其实践？笔者认为可以从"大礼议"中的另外两件事来做出分析。

首先，嘉靖四年（1525）四月，世宗对生父（皇考兴献帝）、生母（章圣太后）的尊称确定后，在光禄寺丞何渊等的诣谏下，其以兴献帝陵寝远离皇城，不胜思望为由，意欲迁建世室，祀于太庙。席书力谏"不可"。①世宗不得已于皇城内为其父立一祢庙，名为"世庙"。②其次，嘉靖五年（1526）秋，章圣太后欲谒世庙，此本是妻子祭祀丈夫，但礼官认为不合礼制。席书上书认为此是"天子大孝"③。此两件事都关涉皇家礼制，且都关涉人情，一为父子情，一为夫妻情，但席书的态度截然相反。何以如此？理也。就前者而言，兴献帝是追授帝号，未为天子。如迁兴献帝陵于太庙，"将置主于武宗上，则武宗君也，分不可僭。置武宗下，则献皇叔也，神终未安"④。可见，席书反对迁陵是据理（祭礼）不谀君，为道不为君。就后者而言，席书以"孝"称之，实乃仍是注目于天下之治和儒家之道，"且世庙既成，宜有肆赦之典，请尽还议礼遣戍诸臣，所谓合万国之欢心，以祀先王，此天子大孝也"⑤。席书赞成章圣皇后拜谒世庙，一则是人情可察，一则是要借机纠正"大礼议"中世宗对维礼派过激的、不合情理的处理措施。其实，这一点在"大礼议"之初，席书亦有谏言："议礼之家，名为聚讼。两议相持，必有一是。陛下择其是者，而非者不必深较。乞宥其愆失，俾获自新。"⑥于此可见席书之为理不为君的良知立场。

席书"礼本人情"的立场使其很好地处理了"大礼议"中的政治与人情事变，凸显了其基于"理"的伦理秩序观。从心学义理的内在立场而言，席书心学思想的实践不离人情物理，但又大中至正，不偏不倚，可谓实学之方。

总之，席书是一代名臣，其遗世著作中纯粹的"论学"文献并不多，但我们从他的政行中发现其为一个心学实践者。这给予我们一个心学研究的新思路，即重视对人、事、物的哲学书写。相信随

---

① 参见张廷玉等：《席书传》，《明史》卷一百九十七，第 5205 页。
② 参见张廷玉等：《献皇帝庙》，《明史》卷五十二，第 1337 页。
③ 张廷玉等：《席书传》，《明史》卷一百九十七，第 5205 页。
④ 张廷玉等：《献皇帝庙》，《明史》卷五十二，第 1337 页。
⑤ 张廷玉等：《席书传》，《明史》卷一百九十七，第 5205 页。
⑥ 张廷玉等：《席书传》，《明史》卷一百九十七，第 5203 页。

着研究的深入，席书的心学思想会更为光大，心学不离日用、实有于世的实学特色会更为凸显。

陆永胜

2023年9月于南京

《元山文选》序

　　元山公讳书，字文同，遂宁人，以进士起家，历尚书兼武英殿大学士，赠太傅，谥文襄，卒且十五六年矣。公之子尚宝卿中、常德守和始次其文集，镂之以传四方。谓名乡邦后谊，在私淑之科，虽不能仰测渊懿，庶几识小，乃属之以序。夫以不佞之言得附有道，垂诸永久，亦云幸矣，又何辞焉！谨序之。

　　序曰：星象丽天，文形乎上。山河纪地，理阐于卑。圣贤成俯仰之能，经史发古今之蕴。道函体用，学贯始终。传留不朽之箴，辞系可与之诀。慨宋元而上溯秦汉以来，见或暗于入门，功有类于弃井。真机既凿，生意遂亡。荀生不免讥评，许子所为发愤。然则生今不囿，学古有光，孰有如吾元山先生者哉！先生质具鸿蒙，才钟灵秀，器多凝重，时人以比黄陂。心每沉潜，识者谓如程塑。与人以为善，见行沛若决河。正己而不求闻过，勇于闭阁，屏绝嗜好，坐颜回终日之愚，收敛精神。居大舜深山之野，见明体要，识定枢机。善行孚于嘉言，天德发为王道。居家孝友，宗族乡党皆然，报国忠贞，卿相监司一致。节励《周易》之謇謇，量弘《秦誓》之休休。运际昌期，心投圣主，正言以昭国是，直道而格君心。孟轲陈尧舜之遗，为下莫如我敬。周公成文武之德，制礼悉与人同。行将见三代之隆，业已庆一德之有。傅舟初济，伊鼎方调，天若无意斯文，时不慭遗一老。乾坤失色，星陨汉将之营；朝野兴嗟，尘没唐宗之鉴。旧文固在，遗恨奚消。试观其上宣下达之词，举堪实用。追忆夫先忧后乐之志，匪托空言。明道则辨析精微，论事必究极源委，诚所谓彬彬有德而郁郁成章者矣。世之刻意仿模，弊神雕琢，炫观听而莫补，溺筌蹄而罔归者，又何足与论公云？公所著有《大礼纂要》《漕船志》，各成卷帙，传布有司。其《三礼》《春秋私论》《定性续书》，皆未成录，藏之家笥。今尚宝所次，并太守所补，入刻者凡若干篇，折为若干卷云。

　　嘉靖二十年辛丑秋七月朔前，赐进士及第翰林院国史编修，后学方洲杨名拜书

卷之一　序

送参赞留务凤山秦公北上户部序

是岁，诸老在告，人曰："代户部尚书者，其凤山秦公乎？"公时为户部侍郎，寻擢南京尚书礼部。未再月，改南兵部，参赞机务。又再月，孙老去位，代户部者，果如人言。

夫黎庶，邦本也；财赋，邦计也。平章综理，悬于一人，胡舆言独属公哉？公早负时望，郎署户部参奏议者十有三年，历藩臬八年，抚湖湘七年，始入部贰。明习国计，谙练民情，未有居公之右。克斯任者，舍公其谁！公闻而隐有忧色，众多疑之，予窃解焉。盖方是时，南畿水旱，京储匮乏，村民流殍，不得已截漕给军，为粥赈死，皆民部之责。公目击然。况时太仓无年余之储，四方郡县藏积窘屈，所至藩禄告歉，边馈缺供。挽时济艰，虽有智者，厥施维何？

嗟乎！《禹贡》九土之财自足，以供《周官》九府之用，岂昔有余而今不足欤？《大学》曰："生之者众，食之者寡，为之者疾，用之者舒，则财恒足矣。"今也不然，赋日增于岁额之外，民日困于比闾之间，计费非一，举大有三，曰："京食之太冗也；藩封之太繁也；武袭之太滥也。近幸不与焉，兹数者，国用所由蠹也。国家百度过前代，独藩封、武袭为不及。志士尝慨心也，公于三者，度能复乎？"公曰："势或难矣！"予亦曰："势诚难矣！然请为公商之，汉初止给关中，唐初供亿不逾二十万，使汉唐子孙能如开国之主，虽至今存，可也。奈何中叶增费倍百，汉至建武，扫旧布新，祚延四百；唐至天宝、至德，户亡财耗，势已难矣。所幸第五琦、刘晏、裴休、杜佑、李巽诸臣相继经理，民困少纾，国用有赖。公可能者，其在兹乎？彼城社依形，山河托永，来非一日。惟吾君相一德，徐图默运，可也。一旦骤然欲拔百余年之根蒂，能如愿乎？今日可为者，予尝中夜筹焉。江淮之利博矣，旧格可长沿欤？豪奸之渔侈矣，常赦可岁原欤？常平之粟可废欤？司农之职可忽欤？田租容未均欤？钱币容未疏欤？数者举焉，赋不加，民不困，而少支矣。"公曰："是诚在我，然抑末也。本之其如之何？"曰："是或光武重兴，廓清天汉，而后可也。虽然，岂远求哉！今天子登极一诏，非大圣人孰能？天启太平，公其有际矣！公其有际矣！"

杨氏宗谱序

自宗法不讲，世亡本支者恒多。岐山杨侍御宗文推其先世，得自曾祖户侯讳某而始。侯长百兵，其先人在胜国时，必尝从戎于我太祖，树勋于时者。惜无谱牒系载家世，由高以上，莫究所出。侍御有感而叹曰："以今考昔，亦后之所以考于今也。今予有憾于昔，凡予之后，可使复憾于今乎？"

缘是，博考载籍，推原杨氏得姓之始，立谱例，作谱图。首图吾父、祖、曾讳，各娶某氏，并生卒月日；次图吾昆季，同系于父；次图吾从昆季，同系于祖；又次图吾再从昆季，同系于曾。其世次行列，略放《史记》年表及欧、苏二家之谱。推而上之，如河可以寻源；旁而衍之，如木有枝，枝复有叶。远近亲疏，各极条理。从是，再一世吾之子以吾之曾为高，合高所出同为一大宗，再二世吾之孙以吾祖为高，吾再从昆季之孙以吾从祖为高，各详所出，各自为小宗，生生继继。率五世一迁，皆以户侯府君为始祖，贯于诸高祖之上。纵世远而庆吊不忘，皆自今谱作始矣！谱既成，侍御作而喜曰："今而后可无憾矣！"属予述作谱之意于先。

夫寓形宇宙，一气而已。一家之气宗于祖，万物之气宗于天，自一家而言，百世不迁者，大宗也，五世则迁者，小宗也。自天地而言，大君为大宗，吾一家则小宗也。凡所以忘其宗者，要皆脉络不属于家也。家不属。况天下乎？侍御诸子中既贤且秀，有言责于大宗者，所以谱吾宗，而使后无所憾者，固将修之家以教天下也。或曰：此《订顽》训也。横渠，关学之宗也，《订顽》，百世言道者之宗也。岐去郿甚近，元祐于今，风习尚存。杨氏兹举，盖尝得其宗欤？予尝求宗法而未得其道，感侍御之教，三沐而后书之。

东湖琴乐诗序

南昌东去三十里，有东湖。湖之阳，有生胡赠历阳者，龆年失怙，未入举选，纵志湖山，每佳辰良夜，焚香净几鸣琴，一再以写乐怀。因扁居，曰："东湖琴乐。"盖将托琴以老于湖也。

去冬溯游川蜀，寓合阳数月。侍御何舜卿先生壮生风趣，首倡诸君作琴乐诗与之。今夏挽舟，吾遂抱琴囊诗，过吾明月池浒，执弟子礼，甚恭。予展卷，既余，试尝所蕴。生揖让至三，横琴置座挥手，听声，音节流丽，意态繁浓，如楚艳秦声，燕赵歌舞，王孙士女，快听争闻。曰："此得其声矣，未得其情也，非乐之正也。"试归以思，明日又至，试再以尝，生乃改弦易调，比律谐音，静而听之，如鸣珮铿锵，如春风鼓吹，如秋夜之声，凄凄楚楚。故闻者或喜以愕，或怨以悲。曰："此得其情也，未得其意也，非乐之真也。"试归以思，明日又至，试再以尝。生技已无余矣。避席再拜，请予未闻。予将援生于太古之域，惧吾告言易而听言忽也。仍试归思，明日又至，神思俱枯。曰："生可教矣！"然生知物情乎？走俳场，观百戏，穷耳极目，自云乐矣。及暮而归，神迷心丧，喜极悲生，厌厌如失魄之子。琴之艳者似焉，寻幽壑，坐茂树，仰高山之上，听流水之声，月白风清，可想舜文宣父于千载之上。琴之古者似焉。生将徇彼所欲，而自乐其乐欤？抑将从吾所好，而同乐其乐欤？生知择此，诸君之作，无亦有虞之歌，文王之雅欤？吾告生言："将无蕴矣。生今可以归矣。"胡生起谢，明日具舟东下，过我取别且曰："吾东湖与西江争声矣。"曰："未也。"曩予告生言："歌也，声乐也。无言之化，无声之乐，九歌不能陈，二雅不能载。"他日访道鹅湖，更为生启之。

皇明漕船志序

慨我皇明，舟楫轂运，南北会通。盖自刳木以来，未有今日之盛也。考惟天下大派，北则黄河，南则大江。自古建都者多于西北，漕舟所入，皆逆流而上。独我国家，始都大江之东，继都古黄河之北，适当二派会极入海之地，漕舟所入，皆顺流而东北。正万派朝宗，百川纳海，帝王之居，孰有壮于此哉！今昔皆云："汉唐而后，兵力莫强于西北，财赋莫盛于东南。"此二都者，虽皆南北之要会，必财赋兵力合一，而后为全盛之都。晋都金陵，舆地未统于西北。元都幽燕，漕舟未大通于东南，况元人都此，实以地便胡虏，岂真知此为天下之会邪！

国家既迁河朔，以控天下之大势，而江南之粟不可废也。首览群议，一浚真楚诸湖，引江舟以入淮，再浚徐吕二洪，引淮舟以入济，最后疏汶河，达清、卫、漳、御，而济舟长抵于直沽。因罢海运，改从内河，而济利之具，场厂之设，实先务也。乃于淮安南清河，山东北清河，设二厂以提举舟事，百年于兹。长江大河，一气流通，漕舟南来，远自岭北，辐辏于北都之下。君子占人国家之盛，于此可见。昔有远夷入贡者，见吾舳舻千里，谓丑类曰："中国之樯橹，多小夷之甲兵，吾曹敢异志乎？"由是观之，漕舟所系，匪惟控驭南北，所以跨四海而肃百蛮者，亦尚倚壮于斯也。于戏，盛哉！

书奉命来领淮厂，暇于建始之由、兑运之次、造作之地、计艘之数、岁运之额、财计之所用、运道之所经与漕卒之利病，积年之事宜，凡关于舟事者，考寻故典，采拾大要，编次一帙，间亦妄附己意于各条之下，名曰《皇明漕船志》，使国家文献有征，披览之间，南北形势，漕运规模、始末可以概见。司彤史者，或有录焉，斯亦今日纂修《会典》之一助也。此《志》言者之大也。至于《志》有未言，因《志》而可考者，今日漕舟之数，实未增损于昔时也。

祖宗时，承事者众，而食之者寡。今承事者寡，而食之者众，是将何道以处之？有识者："与其多漕运之舟，不若节食粟之士。"此名言也。是用序之《志》首，或下有献纳之臣，而九重采焉。则今日之漕舟，将与长江大河混南北于无涯也，此亦滴水东流之意也。

清都绎会诗序

皇帝十五年，天下藩臬帅臣各率属来觐京师，惟时江西告变，皇帝震怒，杖钺亲征。月正上日，百官入贺，每辨色趋朝，仰瞻天威，如临咫尺。上元，诏下考功，会台院。公考察大明黜陟，疏行在未，报曹司，申法禁，谨出入。日候部署者，京兆尹童君一人，宣政使佐赵君而下十人，宪长贰林君而下十二人，太仆卿刘君辈三人，昕夕相与，道故话新，叙科第年资，生平夷险，屈指同时，某存某亡，某利某钝，述五方风土，上下古今人物，睹世态日趋，或隐几而吁，或促膝而语，怀嫌避倖，忧馋畏讥，婴情百感，日迈月征。忽历春仲，陛辞且有期矣。

方伯汤君举故事，具酒张乐锦衣陈君廷言第，金曰："吾来朝，诸君古连帅诸侯也。古者朝方岳有会，朝京有会，会必有词，要以协德和衷，同奖王室也。今王师未旋，居守无寄，四方多故，震位犹虚，兹非诸大夫之忧乎？"酒方进，太仆刘君赋《嘉鱼》四章，金曰："美哉君子！所以式燕又思，以绥以衎，至矣！"酒继进，宪使林君赋《民劳》五章，金曰："美哉君子！所以相为戒饬，谨愓遏寇，柔远绥迩，以定我王，至矣！"酒再进，方伯赵君赋《常武》六章，金曰："美哉君子！所以讽我天子，振旅还师，惠此南国，以慰三农，至矣！"已而良夜既阑，情兴罔已，洗盏更酌，京兆童公再赋《既醉》八章，金若忱然思，慺然恐，徐而叹曰："遐哉！邈乎！公意其在是诗之乱乎？天眷我皇，必有圣子神孙为宗社出矣！凡我有位，敢不戮力王室，惟弗克是惧。"遂相与分韵为诗，各言乃志。诗成，以尝视学三人暨予小子书文以永之。

大司马王晋溪先生纶褒晋锡诗序

《周官》九伐，司马以之。汉太尉知南北军，位次丞相枢密，与中书埒。国家罢丞相，分政六卿，而大司马本兵之责尚沿先代。今天子神明英武，锐意兵戎，乃自尚书户部简吾晋溪王公，授以军国之寄。公拜命惟谨，夙夜在公，图惟厥理。

于时四方多故，陕以警告，帝曰："朕有司马西顾，何忧？"已而捷者报自陕矣。辽以警告，帝曰："朕有司马东顾，何忧？"已而捷者报自辽矣。南以三省兵告，帝曰："朕有司马，朕复何虑？"已而捷者又报自三省矣。不出枢府，坐靖四方，四方告成，中外以宁。嗟乎！神哉！天工惟人，信有征哉！金上功能下玺诰，帝若曰："凡此武功，实惟司马。爰晋尔师，用嘉尔绩，再锡尔保。尔惟克终前烈，以永天休。"公曰："天威明明，四夷实宾。臣何于力，敢干天典。"帝曰："显功右能，国有常宪，汝惟钦哉，勿替朕怀。"金曰："惟兹彝典，自昔罔闻。"朝九官咸咏以诗，将被管弦，奏九庙，昭至德也。

明年春，天下十二牧诸侯肆觐京师，欣逢厥懿，亦各献诗一章。俾书以言，书知仰颂功德而已，夫复何言？然亦何能已于言也！谨再拜曰："书闻诸陆贾'天下安，注意相；天下危，注意将。'故陈平交欢周勃，为国利焉！勃固真将也，兹本兵者，非诸将之将乎？试今北三边、南三省，公无负矣，而宗社万年之计，十倍边省，任重当艰，投机济大，属之人乎？属之本兵乎？静言思之，窃为公惧也。然公以社稷自任，据往征来，要有处矣，书何言哉！"

送潼守胡可泉先生升南部郎序

吾潼川州守可泉胡侯世父，今年秋，升南尚书户部员外郎，侯素以今德御郡民，以道义结诸大夫士，以优礼礼我邑长范君季修，逮泽流绩著。民愿我侯来匋吾省，士愿我侯董学吾邦，邑长愿侯秉政川北。兹行也，金以未尽侯才，群情缺望。季修属予言以赠，予歆侯之贤而憾知侯之晚，敢以无言谢乎？

侯举戊辰进士三甲第一人，值逆瑾当国，执政者欲私其子为馆职，以侯同唱名鸿胪，且素有文名，由是并官翰苑，刻对策以传，实假侯以市公也。瑾败黜，其人波逮于侯，然犹得外补嘉定州倅，人莫不曰："士储馆院者，为其文也，行也，政也，可为他日枢管地也。可泉于兹三者非欤？而何至是也？"侯竟不辨，明日，载群籍入蜀。

居嘉定，之明年，迁刺吾潼，仕不废学，政不废文。予尝见其入馆有稿，在蜀有集，和浒西诸作有刻。渊渊乎！沨沨乎！遵踵马班，嗣响李杜，盖登作者之堂矣。谓侯不可为馆吏乎？侯侯官二州，出纳缮供具燕饮，百用皆省，廪饩惟常，一介不取。退处一室，琴书萧然。谓侯不可为廉吏乎？侯在嘉之日，缮城弭盗，御患辑民。在潼，路处要冲，病不胜衣，政有余裕，每召生儒在庠者，延士大夫在境者，尊高年有德者，讲经义，话治术，问民疾苦。访乡之贤者，宦之名者，士之廉、妇之贞、子之孝者，以祠以旌，以励风教。役赋未均者，讼狱未伸者，废堕未举者，条具令张，黠吏奸民，无以入。闲而肆计行部诸县，利未兴者，害未去者，皆视州而准。父老曰："吾皤首所未见也。"谓侯非循吏可乎？是则可泉而已矣。

论人者，泥迹而不考其人，徇名而不竟其实，此盐车之马，遇知己而鸣也。予欲无言，可得已乎？盖尝溯其来矣。侯长陇西，自为秀才时，抱节尚志，尝与关中玉渼陂、康对山、吕泾野、马蹊田诸君子文字还往，高视等流，翛然有凌霄之气，其积养固有自矣。吾闻金玉天下之宝也，岂终藏山泽戢其光耀者乎？今君相求贤望治，日如不及，侯之文行政事，久当荐之清庙，作商鼎，作周彝，为世宝重。其或不遇，文响铮铮，亦足鸣世不朽。奚俟予言哉？《传》曰："名誉不闻，友之过也。"又曰："见贤而不能举，慢也。"予幸知可泉，未执举贤之柄，不能荐以古灵之疏，徒文以鲍叔之知。

送陈克振生子序

□今人皆以人物之生，归山川灵气，往往验之皆然。岷峨巴江，天下奇壮，然人物化生，不于广川特岳，多于江流交会之间。尝试成都广汉，川之广者，峨眉，山之特者，渝泸及合，水之会者，阆遂潼顺，则川平水会之次者，大要川广则气舒，山特则气壮，水会则阳嘘阴吸，势来形止，而其气聚，气聚则二五合变，生才恒多，理固然者。眉山成汉，人物杰出，固在不论，渝为川江大会，泸合小会，开国来科第人物，后先相望。吾潼川，绵江东注，中江右环，山势至止，突起昂峰，若垂首饮江之势，昔人嫌于他，名曰牛头。牛山之麓，二江汇会之间，潼郡在焉。郡形势宛类泸合，自昔科第人物，视泸合未甚显著。

予每抱恨，莫知所以迟迟，至弘治正德，潼庠人士月异岁新，累魁乡荐，及岁辛未，角艺天下，夺名甲榜，盛至五人。一时三蜀豪俊，皆远避锋刃，而天下以文献擅声者，且未或先。盖自设郡来，百有四十年于兹矣。郡士夫如陈公克振，二十而育郡胶，三十而游胄监，五十而佐尹湖湘，刚方直介，终始一节，屹然为一郡人望。盖得潼山川正气，所谓端人善士者欤！吾闻善多流光，仁必有后，公逾六十，尚未举嗣。予亦未解所以。及诸君子登盛之明年壬申上元，乃生男子，骨相奇异，头角峥嵘，隐隐有食牛之气，养而无害，塞乎天地之间者也。《诗》曰："惟岳降神，生甫及申。"嵩岳钟气，岂惟二人已哉？眉山成汉阆遂之间，钟灵秀者亦多矣，而勋德文章，流声宇宙，独曰三苏，曰二范，曰二张，曰三陈、五杨，则数君子之所养可知矣。由此观之，诸君钟灵于潼山川者，岂今日止邪？方来所望于陈公子者，亦岂今日止邪？公善择师养焉，予未老，行犹及见公子之有成也。

公喜而走使问曰："将何师？"曰："师乎古。""古既远。"曰："请师吾今日之言。"

送大参赞逸庵陶公一品归荣序

秋色未阑，驿骑报曰："天书至矣。"我参赞陶公暨北尚书林公皆以太子太保归荣故里，至是盖四请矣。于时南都卿大夫咸曰："顷来台部得请，月气曾闻也，岁隶曾闻也，玺书驰传曾闻也，至于进阶一品，纡朱缩玉，岁时存问以礼，前未闻也。"前未闻而今闻，天地大德，岂私于公邪？二老，天下之大老也。天子御极首起，以慰天下之望也。属望既重，渥典殊恩，照耀桑梓，宜侈天下之闻哉。抑愚所知者，则异乎天下之闻矣。夫名成身退，天之道也。知几知时，《易》之义也。老而戒得，圣之箴也。此三训者，如谷不可不食，如鸩不可不忌，修吉而悖凶也。公于靖节家声，弗殒厥问，昔漕淮也，疏七上而归卧七年，若将终老，再起而三让三迁。迨参南都，平章机务，连章叠使，汲汲然唯恐招损失时，老贻悔吝。嗟乎！世以贤知自名，堕斯阱者不少矣。公独脱立云霄之上，愈谦愈光。盖尝玩心玄理，默授聃耳之秘欤？盖尝洗心退藏，坐见羲文之蕴欤？盖尝登鲁坛，受孔戒，书绅弗措欤？吾恐班范之笔，不能独芳于二疏矣。愚独有难言者。《传》曰："国无老成人，犹有典刑。"方今主上幼冲，兹将明目达聪之时，典刑日缺，老成人日以引去，忧国之士，忍言此乎？予嗟叹久之，有生进曰："子过计矣！昔文潞公，介人也，年九十犹起入相。公，绛人也，介绛滨汾，去地孔迩，风韵相承。公兹七十有五，安知苍生无幸，不再起而榆扬太平之盛欤？时吾子部诸君请言为饯，予闻生语，喜而挽笔为终斯文。"

白湖亭序

春祀，斋郎群寅毕会，固东西南北人也。良夜剧谈，各侈湖山之好，闽南郑希大出其图曰："此吾白湖亭也，湖去福南二十里，派出潋江，环曲龙峰之下，吾家世居焉。往尝构亭川浒，自号曰白湖居士。每时和景茂，约二三良友，割鸡携酒，泛小舟于湖亭，上下水天一色，风月无边，今不及白湖者，十年矣。诸君其谓我何？"

应者曰："郑君其贤乎！往见慕湖山者类是，而归老湖山者，卒未几人，郑君其然乎？予弱且病，越二年将谢尘纷，道长江，度闽岭，访何氏兄弟于九仙乌石之山，不知果会吾居士，披巾发，曳杖履，倒一觞于湖上，以酬今日否乎？"

有笑曰："子以乐一人者乐邪？乐天下者乐邪？巢由皋禹，天下并称其贤从。予判之，皋禹在庭，而后巢由者流，得以窃傲林泉之下。使人人皆无愿世之心，势必云扰川沸。彼巢由者，将走沙漠，逾海屿，窜身且无所矣，安暇肆大言以蟛蟏王侯欤？今天子网罗豪俊，共际升平。希大饱文学，负才智，当官莅政，有慷慨担当之气，一切持嫌巧避之事弗为焉。世凡办大事者，必若人而后可也。白湖之上，岂容高枕自便邪？"

希大闻言，茫然若失。予从而解之曰："二君之言，各有适也。子亦知夫舟乎？方江流顺风，一日数百里，任所之也。及临海门，迫巨浪，将转舵以疾旋邪？将冲涛以犯险邪？君子不必进止而惟时，故亢龙之有悔也，功成之必退也，天之道也。知几知时，湖于子乎乐矣。"

希大□然大喜，托名公赏诗赋，时歌时咏，永誓白湖之盟。

送大参赞廖公致政序

明天子御宇之初，龙湾廖公以南吏部尚书寻擢兵部，总百官，参军国大务，位尊而职要，任重而责甚艰。时六部自迁都来北，当辇毂之下，部规严整，而南日就宽。公曰："北规非南来乎？天位可虚乎？君命可辱乎？"毅然振起，人多弗豫，当言路者，摘陈其失。公曰："谏官以言为职，大臣以去为分。"力疏祈请。天子高其志，全其节，特允其归。

时有为公少者，书曰："公可易得乎？公负质沈毅，器局宏远，生平节概，其大者，在吏部，秉铨衡易州处，利网上下，人材出纳，内用壁立冰凛，皎如日月，天下士耳目莫掩。至其燕常言动，无弗可以吁天告人，虽司马赵公无过兹者。偶值不幸，人皆见之，无假修饰，移人瞻听，考迹足以烛隐，观过可以知仁。世徒以尝被论，殆若弗足然，不知古大臣受言如公者，于大节何预。使公当国，临大事，决大策，犯大难，确有不可夺者。惜其大业未竟，将能与造物争哉？是则龙湾而已。"

闻者赫而异，书曰："公止是哉？公于圣学，静修独造，弗求人知。言性曰唐吏部，言儒曰隋河汾，拟诸葛以汤武，探见羲文独归。邵氏疑《洪范》曰：'尧舜在上，岂容彝伦攸叙？'疑《乾》九曰：'天德不可为首，岂谓群龙果无首欤？'疑《西铭》曰：'鸟兽不可与同群，而云物吾与也。'语《中庸》，语《大学》，旁置诸子，独对遗经。去安排，决拥滞，易简平直，真如披云睹日，放河达海。近时谈性学者，率所未到。予素沟浍自盈，今接龙湾，恍然睹河伯而退舍矣！"

或曰："若是哉！然窃有疑焉。方今飞龙在天，有志泽民者，莫不气应云从，雷雨天下。公独浩然而去，贤有道者，信如斯邪！"

书曰："子独不闻方者泥而圆者通乎？天下事，正而胜者常少，不正而胜常多。如必曰然，子将以抱瓮泣璞者，类非贤乎？而鸣珂执玉，言无逆，动有誉者，率皆秉德履道士乎？"问者默而思，颔而去。

吾四司诸君闻予言而造曰："吾徒侍龙湾长卿，尝得其概矣，未扣其藏也。微贰卿，几失矣。兹行，例有赠言，愿以贰卿之言，为吾长卿赠。"

药性赋序

予往时读书，以未博医为欠事。一日，思古人既谓医为小道，又谓人不可以不知医。噫！医不可以不知也，亦不必于尽知也。非尽知不可也，顾吾所事者大，所谓医者，精神有分数，日月不长居也。君子于此，苟知其概，以知之者付之专知者，斯固不害为知也。此吾有取于《药性赋》也。虽然，吾谓专，于大者言也。苟有博雅君子，合小大而无不知者，奚必尽守乎吾言？或曰："斯人也，吾见亦罕矣。"此吾有取于《药性赋》也。

齐河赵尹考绩诗序

东省出西门一舍，有县于济河之浒者，今曰齐河。使节必经，繁剧所萃，长吏朝枉于庭，小民夕号于省。往令兹者，率不弥二三年而去。自代人赵希廉氏来令三载，秉衡率律，政集人安。朝议欲迁寿光，齐民老幼力争，不果。今年秋来，贡绩于吏部，府以廉书，司以慎书，监察使以严爱书，部稽实以请上命，纪绩功曹，以俟他举。诸朝绅以侯绩告成，迁加有地，喜而各赋以诗。知侯廉者，以河水赋；知侯静者，以北山赋；知侯断者，以利金赋；知侯爱者，以甘棠赋。

诗既成，侯随去。乃于是闻诸人曰："自侯北来，邑之人弱待以扶，强待以锄，讼待以理，饥待以哺，日盼还旌，如霓望雨。侯车未至，村聚巷谈，咸屈指计曰：'侯此日当去都矣。'侯车既至，男扶翁，女携稚，拥道争观曰：'侯春色非昔日矣。'侯车既下，劳以息，饥以食，郁以舒，咸曰：'吾有所矣'"噫！观侯之属望于民，则当路者之报最，固宜。诸大夫庆其绩，赋其政，斯亦有试也已。

予于是有感焉。侯去邑才数月，而人心之属望若此。今侯绩已策于天曹矣，他日长举而去，思侯德者，其何以哉？窃谓侯裳不可引，侯车不可攀，泣侯之泪有尽，送侯之途有穷，独有诸君今日之诗，长歌里巷而^①不朽也。

送友人吴懋贤^②还抚州序

抚州即古临川，素以古学号天下。予蚤慕之，每欲临川士相与上下论议，尚友于王陆诸君子间。时在穷乡，所接未广。弘治庚戌，金溪吴懋贞与予同举进士，寻擢刑科给事中。予以时辈视之，未甚亲与。既而予就外补，每得懋贞章疏，已概其略，未遽深许。

乃岁已未，予与芦泉刘用熙传《春秋》于淮浦。用熙还京，驰予书曰："吴懋贞多学有见，所与共《春秋》者，斯其人欤？"比予北还，叩其所蕴，始信临川之有人，尚未知家学之有自也。尊甫梅庄先生蚤闻同郡吴康斋之风，与其门人往来所得甚邃。四子各专一经，自相师友。懋贤尤有声于诸子中者。

去年冬，承尊甫命，来慰懋贞于京师，朝士夫多与往还。今年春，懋贤将还命于尊甫。诸与识者，各有言以属之。夫君门父子，尚志临川之学旧矣，予于懋贤之行，将舍近而远言乎？临川数子，若王氏刚介，二陆高明，文正深沉，康斋清苦，于吾尼父之道虽未各诣其极，至于摧锋夺敌之功，壁立霜严之操，皆天马行空，非凡力可以骤步也。今之君子，未服其长，先攻其短，叱王曰偏，陆曰径，文正曰失守，康斋曰迂疏无闻，皆将有不屑为者，夷考其行，绳趋矩步于里巷之间，敛手肃容于宾主之际，而鸣于人曰："吾学古也。"及仓卒不备，一经摧抑，则已惊慌失措矣。是于数子何如？吾无取也。若乃不立门户，不作奇骇，外无庄肃之容，中有坚白之守，平居若庸暗，遇事有分张，小事类于波流，大节屹于山斗。是于数子何如？吾其取于斯也。

嗟乎！吾岂见小而忘大哉？窃悲骛虚名于五子之上，不若履实步于五子之中也。吾以斯言相规勉于懋贞者有日矣，懋贤归而质诸梅庄先生，先生不俚予言，以语诸临川之士，临川之士闻予言之，将有不出临川而可以寻伊洛矣。吾告懋贤将在斯欤！

---

① 底本正文此处原有两个"而"，据句意略去一个。
② 目录和篇名为"吴懋贤"，正文中"吴懋贤"与"吴懋贞"互见。查无可考，一如其旧。

送别阳明王先生序

予少志学，始分于举业，继夺于仕进，优游于既壮之时。每诵考亭之训，从事于格物致知，如泛舟渤海，莫知津岸。叹曰："我马踣矣！我仆痛矣！吾弗能进于斯矣！闻古人有以文章擅声，有以事业名时，流光余韵至今，逼人耳目。吾将事此以老吾生矣！"兹又数年，文章未名，事功未树，神气日昏日塞，如木强人矣。

今年董学贵南，阳明王伯安先生以言事谪丞龙场驿，延诸文明书院，以师后学。予旧知阳明，知其文也，知其才猷勋业也，因以二者质之。阳明曰："吾以子为大人之问，曾耳与目之问乎？天之所以与我者，莫大者心，莫小者耳，与目也。予事文业，以为观听之美，固末矣。心至大而至明，君子先立其大而不晦其明，譬之开广居，悬藻鉴，物来能容，事至顺应，蕴中为道德，发言为文章，措身为事业，大至参天地赞化育而有余矣。何以小者为哉？孔子曰：'女为君子儒，无为小人儒。'孟子曰：'从其大者为大人，从其小者为小人。'入途不慎，至有君子小人之判，术可不择欤？"

予闻而心惕背汗，日亲所学，正而不迁，方而不泥，通而不俗，推万变而不出一心，探幽赜而不远人事。历试其余，礼乐文物，天文律历，皆历历如指其掌。究其要，切于喜怒哀乐已发未发之间，尤致力焉。盖学先于大而自□□小者耳。呜呼！道自孟氏绝传，寥寥千载，至濂洛出而开扃启户，传授入道之途，曰静曰一，已有程度。龟山亲授程门，再传而豫章、延平，从事于斯，卒有所入。至朱陆二氏各分门户，当时门人互逞辨争。从陆者目为禅会，从朱者谓为支离，道至是而一明，亦至是而一晦。

阳明早岁学道未得，去而学仙，因静久而自觉其失，悟朱陆不决之疑，直宗濂洛，上溯孔孟，大中之道，恍若有得，固方升而未艾也。予观历代文运必积百余年而后有大儒，如董如韩如周程出，当一代之盛。国家百四十年，守道不回如吴康斋、薛河东，清骚自得如陈白沙，则有矣。未有妙契濂洛之传，足当太平文运之盛意者，有待于今欤？阳明闻予之说，将能自已其所至欤？予方深惩往昔，且恨遘晤之晚。适天子诏起言士，阳明复有庐陵之行，予能忍于一别乎？

夫君子不忧身之不遇，而忧道之无传。遇不遇有命，传不传在人。吾闻会稽之间，有与阳明友者，□□□辈其人也；有从阳明游者，蔡宗充辈其人也。予虽未得相从二三子于阳明山麓，或咏或游，以追舞雩之趣，然而意气相感，已神会于浙海之隅矣！幸相与鞭励斯道，无负天之所以与我者。此固阳明之心也，无亦诸君之愿欤？

北堂绥养诗序

大中丞公王晋溪母任氏，生际太平，历今第六改元，寿跻七十八岁。蚤事先翁姁尚书夫人，执妇道，相先刺史，以廉吏闻。子晋溪公琼，少称神童，与诸兄弟及诸孙十余人皆以儒业相擅后先，以公筮仕冬官主事，受封安人，历升员外郎、郎中，进封宜人。公改地官郎中，擢参东省政，寻因先大夫之故，改参汴省，自太原迎宜人来养。今岁，以大方伯擢副都台，出诗卷曰："北堂绥养，以制有益绵寿祉，初扁堂曰'绵寿'，继摘'永绥禄养'之文更题，以此荣君宠也。"凡寿以诗者，风雅君子。既颂诸往，藩臬寅旧有感而复颂于今。颂往者曰："士方亲存，需斗禄而逾望，宜人未艾而养以大夫，比寿北山之梓，可也。"颂今者曰："仕列朝堂，承欢膝下者能几？宜人既耋而养以九卿，比寿大卤之金，可也。"末有进而颂曰："中丞明习世务，望重朝野，宜人方将重列祸鼎，优游三槐之堂，永绥三公之养，坐见兰桂联芬，森罗阶下，金梓不足多也。"此作颂者意也。然予尚有言者，"古之仁母，不先已养而后人，比者杼轴其空，民咸缺养，汴北淮南，所至皆然。宜人素恤穷困，见人之母饥，五鼎三牲，必有不厌其口者；见人之母寒，纤朱拖紫，必有不暖其身者。如绥何？宜人之心，必跻人父母于仁寿之域而后慰也。曰：'是在中丞也。'"

今天子嗣极，推仁孝以大庇天下，首念财赋艰难，下省院群臣推吾中丞绣衣持斧，榷盐淮芦，以佐内帑边供之不逮。兹行也，其系于人之父母亦重矣。中丞久弘经济，岂止为桑梓计哉？将以《学记》生财之道，损上益下，使人富财足，俯仰无匮，其庶矣乎？情者，神之赘也，情忘于外，则神气完，而天真固。财者，人之命也，财得其平，则人愿足而天道和，寿之理具矣。宜人身极崇贵，而又遗耳目于和气之中，从是永绥北堂，直与河行表里，共约鼎寿之盟。而贻封走颂者，不可岁计。兹卷也，亦从是以传矣。金曰："然。请序言于三颂者先。"

送李侯去思诗序

蜀远神州，宰县者率逾宪章，袭尚软靡，与胥史下人若家人父子，上弛下玩，伪日滋，政日敝，民日就穷，恬不为怪！

湖南李侯汝海，承先学士黄门世训，始试儒官，民风吏政，久已克闲，以岁丁卯来令蓬溪。甫至，设关防，正名分，申号令，严赏罚，拘摄有限，租税有期，条格既布，名或我犯，令或我逾，期或我后，随以三尺之法，而强悍磔黠曾不少假。邑之人，若久放之鹰始入笼韝，若未闲之马始就羁络，殆有不堪者焉。未期月，号令明，赏罚信，上有定法，下有定守，近无敢狎，远无敢缓，凶顽无敢逞，老吏无复播弄刀笔。被讼者闻令而趋，负租者依时而偿，时或有所征调，下方寸之纸，欲百以百，欲千以千，恐干后至之谴。军中急用之器，非时取给之物，一承上檄，不日而集。缮城垣，严保伍，使盗不敢窥。改迁庙学，削富豪以资公家之需，而百费不加于众。久而强者知避，不蹈法网，弱者有恃，不受侵渔，始知感侯之政焉。不三载，盗弭讼简，贡举倍昔，而百废皆举。时盗起通巴，见素林先生奉命督兵，拔之幕下，以神筹策。一时当道，累章论荐，擢判夔州府政。侯去而邑政瓦裂，故态复作。值时多事，起征督运，征派无律，民不胜困，窜流他土。皆曰："侯在，吾民不他徙矣。"乡无束约，保伍散离，群盗长驱，罹锋镝者无算，皆曰："侯在，吾民不沟壑矣。"已而乘虚入邑，一火而公舍市居付之炎烬，又皆曰："侯在，吾邑不瓦砾矣。"感今怀旧，相聚则谈，相逢则问，有自夔来者，必曰："侯今出某邑，寓某地乎？侯之动履如在蓬时否乎？侯之须鬓无少斑乎？"

邑大夫士谓侯去住之不偶也，载咏以诗，惧无足以彰侯之盛，又将征诸名家，使为蓬人者，童歌家诵，以流不泯。吾友谭元仪以予备尝侯政，过吾同庵，欲予引言。予悼时弊，每不快聃耳氏闷闷之言，大有取于郑大夫烈火之喻也。故撮侯政如左，苟有作者，要不废予之言。

送正郎杨温甫出守杭州序

乃岁，浙使者上报杭守缺员，天子下吏部，出吾杨君温甫守之。温甫负才器，秉刚直，在西曹卓持风裁，为一时望。

报下，明日朝缙绅待漏东阙之下，群坐而语曰："昨闻杭守简在温甫，岂主上顾念杭为两浙要会，将借硕大之士以镇之乎？抑圣明临御日久，习知闾阎休戚，将择良守吏以抚之乎？"或曰："杭政务剧冗，狱讼留难，俗尚奢侈，士文学而遗本。杨君之郡将事，至而若决钱塘，剖疑释冤，矫浮华，从简易，身先化理，使士知尚友古人，不汲汲于青紫计。昔之，振声于杭者，若范苏之风情，可想也。君岂在范苏下乎？"或曰："迩岁，杭州上供倍昔，织取日繁，人见市井之繁华，不知闾阎之困悴，譬如人病肿浮，外饰文绣，视平人且美，岂知腠理虚怯，危殆可计日矣！杨君之郡将上告天子，为国家固元气以屏翰一方，一方不恃，以为命乎？"一人曰："杨君之才，岂直了一时事？第杭居会省，君性刚，恐上下未合，远大之业或沮。"有素知温甫者曰："刚有小大，豪侠不与焉。古称至刚者，靡直能荷之，要亦能容之。故士遭于时，身不辱于权贵，语不忌于危疑，固曰刚也。若其泽利生民，功加社稷，义有所当屈而不必于争，道有所当下而不必于亢，类非至刚者弗能？温甫素所养者，气豪而心下，外峻而中闳，汪汪冲冲，不可涯涘。夫食钱塘者不知其几，吾他日所许，临大节，当大事，峥嵘磊落，毅然以社稷自任者。每于温甫，数人属之，况于杭乎？"语未竟，金门已辟，朝士鸣珂而进，予退而监税都门，未及以告温甫。

越数日，温甫过予旅第，属言于予，予无言，托诸大夫之言以言。

贺刘母寿八十序

大鸿胪刘氏母，生际太平，自宣德癸卯至成化癸卯，历甲子者一周又三十年，迄今弘治壬戌，盖八十有春秋矣。童颜鹤发，齿健骨强，耳无聋，目无晦，血气无损，精神无耗，步止无倚仆。语生平，起家艰难，随官清苦，无锱铢遗忘，尚虑乃子邦宁君以亲老辞职，勉就京华，以全忠孝。朝大夫士与邦宁游者奇之，索予言以祝愿堂下。

予闻之，亦口有不能已于言者。夫自有生民以来，乾男坤女，一范人形，寿七十者奇也，八十又奇也，八十而精健不衰又其奇也。由予而言，刘母所谓寿者，奇也；由天而言，亦生化之常，非奇也。造物于人，虽氤氲揉荡之不齐，要其散布之初，大约寿与夭各半，而三寿之中，下者恒十之三，中者恒十之二，上者恒十之一，使人自爱惜，不失原授，则寿考无疆，天固以为常人亦不以为奇也。自夫五性挠其贞，七情扰其心，百劳戕其生，万感摇其神，而后下寿者十止一人，中寿者百止一人，上寿者千止一人。人始骇目动听，天固视为原物，殊非有加于锥末也。由是言之，刘母之寿亦常也，虽无予言可也。然常者天，常之者人，众人丧其常，刘母全其常，是非平日履艰服素，抱朴还淳，不失其神，不离其宅，乌能逍遥天国，乐见升平如是之盛哉？由是言之，天寿有常，人寿无常，刘母全其常，而人不能常者，又非常也。

予又将已于言乎？然予言常者，推原天造于始也，原始要终，自兹而期颐百岁，又安知他日不以完寿为刘氏终庆乎？若然，则期颐百岁，亦刘母之常。诸君祝愿之心，正唯斯也。诸君曰："然。"予以是为诸君言。

送董汝淳之楚雄序

太守董公于予无旧，直以《春秋》文字，因乡达黄侍御鸣玉往来知问，寄襮期者十年，迄今始会都下，朝夕还往。方将期于道术，寻有楚雄之命。楚雄，云南属郡也。公先守重庆，为东蜀要会；再守保定，为北都畿辅。今服阕，例应补任，咸谓两畿内郡，公旧物也。顾有今命，众惊且怪，谓造命者忍置诸万里外邪？岂贤如公者，人犹不知邪？抑公履方太峻，为时忌邪？予大观天之所覆，此正君相不私于公也。士食于人者，以畿甸为近密，以云贵为疏远，凡皆时之人也，而天则不然。君，天也，相，代天者也。公在蜀，蜀思之；在燕，燕思之。知公贤而复置内郡，远方非赤子邪？天念滇民，不暇为公便也。计再月，有先声于楚雄，楚雄人闻之，"仰天德者千万计，公将何施以答众望哉"。亦曰："取诸其身而已。"孔子政者，正也。楚雄人，亦昔燕蜀人也。公无伪，人焉欺？公无欲，人焉盗？公好士，人焉陋？公好礼，人焉偷？久而俗化德流，政成民义，楚雄其再造矣。周伯植甘棠于千里内，我皇植甘棠于万里外，岂承平之与创始不同欤？予窃虑者，今天下政苛人敝，天厌烦苦，虽以中土亦然。思求廉静之士，以坐镇颓俗，公能长假一方欤？嗟乎！吾又为楚雄人悲也。

公去，欲予有言。予以天无私庇而原其去，复以天将大庇而要其归。非予言言也，天无言，假之予以为言也。

送豫斋秦用中分教安仁诗序

豫斋秦子，少治诗，以诗游荐绅间。今往教安仁，诸与游者，刻日分饯，饯必有诗，诗或分韵，或分体，或联句，积若干篇，甚盛举也。持是为安仁教，可乎？曰："可。"古化民善俗，莫近于诗。谓，诗无资于教者，今之诗，非古之诗也。《诗》三百，予不能遍举。孔子曰："人而不为《周南》《召南》，其犹正墙面而立与！"夫谓面墙者，瞽人也。不学诗而至为瞽人，可畏焉已。尝观二南之教，固《大学》教也。《大学》曰："古之欲明明德于天下者，必先于国于家于身心焉！"自周衰迄今，治不若古，俗不逮昔者，诗教不作，故也。

江西号诗薮，安仁又多良士，必有可与纳而进诸古之人者。豫斋为天子寄人材于一方，试以得于诗者，召诸士进之，曰，"《周》《召》之诗，有读者欤？应者将十五焉。《周》《召》之诗，有知者欤？应者将十二焉。《周》《召》之事，有能者欤？应者将十无一焉。何也？口耳易而身心难也。"诸士闻之，怃然若失，恍然若悟，将有面墙悔矣。他日又进之，曰："二诗今有得者乎？"曰："将得其意也，未得其心也。"他日又问，曰："将得其心也，未得于身也。"他日又问，曰："将得于身也，未得施于家国天下也。"於乎，《周》《召》之事，二南备矣。他日廊庙有需，必于安仁乎取也。豫斋学古有年，盖将有待于今欤？诸君之作，固将规望于兹欤？柏林诗社集成，而欲予为序。予未学诗，面墙者也，未见颜色，而言瞽人也。幸待君子，请复其愆。

群英嘉会序

通都有陈廷言氏，乐宾好士，朝之公卿大夫士多所还往，君子至于斯者，恒于陈氏焉依。今岁庚辰，上方南征，天下四岳诸侯来述职者，侯驾五月，谋为燕会，以敦世讲，顾主东道者难其人。书曰："以予所知，无逾陈廷言氏乎？"咸愿相与偕往。乃二月丁丑，群会厥第，酒来中酿，乐资教坊，坐以齿，饮以量，放怀舒体，礼杀情真。酒酣，廷言出乐宾之具，善局者棋，善矢者壶，善操者琴，善歌咏者更唱迭和。喜甚而谑，乐甚而舞，各极情兴，夜阑乃归。三月乙巳，再会如初。四月戊午，又会如再。廷言曰："吾闻今之方伯，古行省中书也。今宪使，古行台御史大夫也。今寺苑，汉九卿也。举四岳十三省之长，集吾一堂，予何修而得是乎？愿各有述，以传家世。"或曰："陈氏世袭金紫，伯氏今总戎大内，仲氏、季氏先后举进士于京闱，郎君锦衣，博习经史。一门守道谦抑，所识有急，轻财乐与，婴倖倾时者，援姻则辞，士论高之，于诗可赋。堂开图画，皆古义烈忠贞，幽人佳士，于诗可比。庭之前壁立湖石，石左右植以丛兰茂竹，馥馥阴阴，于诗可兴。"乃刻烛分韵，赋者直而浑，比者显而微，兴者婉而丽。富哉！诸君之言乎？发乎己，感乎人，其诸风乎！宜于而家，刑于而国，其诸雅乎！被诸管弦，工歌不朽，其诸颂乎！汎汎乎！郁郁乎！是可答陈氏矣。廷言再拜曰："诗有序，请于东岳，东岳辞。请于南岳，南岳辞。请于西岳、北岳，辞。曰：'席也文，宜归之。'"书曰："非也。书于陈有世契，不敢以三让居焉。"

朝绅赠言诗序

是岁，甲子秋，檗山先生偶装一帙，适善书陈崇德者从闽来，为书"朝绅赠言"四字。是冬十有一月，檗山被领南命，同社友曹野堂、都南濠、王兼山、李空同、边华泉暨予，各携酒往贺。酒酣兴发，谓此别不可无作，檗山乃出前帙，请为赋之。分韵联句，得三首。诸公感而作，曰："方檗山题是也，讵知有今日之命？予人之赋之也，亦讵知其豫有是帙哉？岂天地间一出一处，固有素定，而文人诗客一觞一咏，自有不偶者存邪？"檗山更酒起谢，金谓："序而书之，不可无人。"乃阄而定之，空同将书，而予也得序，刻烛促限，词之不腴，固宜然矣。

送叚文振掌咸宁学序

巴蜀有士叚文振先生，早储志于家国天下。去年始领乡荐，来试礼闱，举乙榜进士。故事，凡乙榜士，例署职儒官，率以科目为功最。士陟此途，大概处得地者恒以喜，处非地者恒以戚。

岁四月，文振得拜咸宁学谕，于时士之在朝者，有为喜曰："咸宁俗厚，供待优隆，先生官此，可以恣意文业，俯仰无累矣。"有为喜曰："咸宁科第相望后先，先生官此，不劳程试，殊擢可预期矣。"有为喜曰："咸宁古帝都，今附郭之藩郡，承事有金紫之荣，交游有骚墨之雅，先生官此，可重瞻听而畅幽怀矣。"予闻之亦为喜，不知文振处此，亦将有喜于斯乎？抑尚有大于斯乎？夫古今天下，系于教化者尚矣。自昔关中，周以之王，秦以之霸，岂时变而性不同哉？昔人谓秦中风土凝厚，人性刚方，以仁义则渐磨甚易，以诈力则悍勇无先，系在上者导之耳。今秦士遭际文明，道隆周孔，申韩秦法，皆在罢黜。顾领教于师儒者，何如人也。咸宁地当秦腹，得气更醇，文振出教其邑，将必以其闻于古者鸣于今，垂于策者扬于后。于其朴然未散者，完于婴蒙之始，浩然独存者，廓于流溢之余。学术期于颜孟，文艺不足多，器业志于伊周，科第不足重。使士出咸宁者，英华掬渭水之精，伟丽拔终南之秀，骞骞落落，皆足以吐气扬声于天下。此文振图报于清时，期望于咸宁士也。若其人喜而喜，人戚而戚，逐时以规功，假文物以遣虑，而漫无一振作，文振将安取乎？

往览先民论议，人材教化，襞积中怀，思一泄而不可。文振于吾乡有旧义，在吾弟为同年，又挟策于时者，故于行也，不以人喜，而以喜于吾者告之。

送陆正郎之南康诗序

岁弘治壬戌，江西南康缺守，天子剖符千里，以吾户部郎中陆君士弘补之。诏下，朝贵翕然，陆君亦以古循吏自许。

有自南康来者，陆君与坐，问郡域，曰："临吉之北，信饶之右，分襟带于江湖也。"问形势，曰："北枕庐山，南面彭蠡，夸胜概于西南也。"问财赋，曰："土瘠民贫。"问科目，曰："俗朴而士鲜。"问其故，曰："南康风土，从昔为然。"至问匡庐景象，曰："山川不改，阡陌无循铎之迹矣。"问白鹿古洞，曰："风月如昨，往来无弄吟之人矣。"

公曰："是何惑于民穷而士鲜也？夫今之南康，古之南康也。宋考亭朱子被命知南康军事，甫至，下教约三章：一、郡贫税重，求所宽恤之方；二、岁时集会，以敦仁让之行；三、父老选择子弟，各遣入学。寻复行视陂塘，自庐山而东，兴复白鹿书院暨濂溪诸老堂祠。一时人庶繁殷，士风不变，至今治范贻于天下，条约遍榜学宫。远及交南、朝鲜，尚知想慕风采，况南康守乎？士弘兹守斯土，亦仰止余风，勉副休命，使家给人化，时听二三父老歌咏太平，岂非主上所以慎简之意欤？"南康人在朝者闻而喜曰："吾乡长少何幸，复见考亭于今也。"诸同寅闻曰："不然。朱子，帝王之佐，陆君非千里之材，庐山彭蠡，将能绊翼足于天衢之上邪？"

都门祖钱，或咏以歌，或述以赋，或倡以诗。予时给事诸君之左，因怀笔序之。

鸣冤录序

《鸣冤录》者，录陆氏之冤而鸣之也。宋室南迁，朱陆二子，一倡道于建阳，一倡道于江右，一时名士，争走门墙。于时，朱氏方注六经，训百世，谓"物必有理，理必尽穷，然后可以入道"。陆氏谓其"牵绕文义，倒植标末，徒使穷年卒岁，无所底丽，天与我者，万物皆备，何暇外求"。朱氏因目之曰："此禅学也。"一时游考亭者，方与象山门人较争胜负，一闻斯言，喜谈乐诵，月记日录。迄于今日，朱氏之书盛行于世，举业经学，非朱传不取，由是经生学子，童而习之，长而诵之，皆曰："陆禅学也。"山林宿士，馆阁名儒，亦曰："陆禅学也。"凡闻陆氏者，如斥杨墨，如排佛老，甚而若将浼焉。间无觉者，终身迷悟，莫知反也。

及予宦四方，得陆氏语录文集，三读其言，抚膺叹曰："呜呼！冤乎！孰谓陆公为禅乎？"再取读之，不徒非禅也，且若启蔽提聋，而中有戚戚焉，又从而叹曰："予晚出迷途，幸矣。"将持陆书遍讼诸士，顾文言颇繁，见者慵览，览者未终，卒难脱悟。政余，乃撮其书问语录之要者，各类二篇，名曰《鸣冤录》。使人读，未终日，见其无三乘空寂之语，无六道轮回之说，必将曰："冤乎！人言可尽信乎？兹始贱耳而贵目也。呜呼！此吾道之冤也。刑狱之冤，陷一人；道术之冤，使天下人心如饮醇酒而莫知其醉，虽欲无鸣，将能已乎？"

自孟氏道远，伊洛言湮，而心学失传。一有觉者，同室起斗。如孙、庞同师鬼谷，而自操戈盾，以角两国之雄，亦可怪矣。及朱氏晚年悔悟，自恨盲废之不早，惜乎易箦已至，其书已行，不可追挽。后之君子不究晚年至论，师尊中年之书，过于六经、《语》、《孟》，使朱氏之心不得表白于后世，负冤者不徒陆氏，而吾考亭夫子含冤九地亦不浅矣。

所幸斯文未丧，此心不死。近时二三豪杰尝伸此义，以救末流。信者寡而传疑者太半，是录所由鸣也。君子感其鸣，一洗其冤，将知登岱山望东海，道在此而不在彼矣。录曰《鸣冤》，盖有激也，亦以起问者，见是非也。

近取录序

书为是录也，先达曰："子以《冤鸣》，无伤《易》乎？"书退而更曰："近取。"或曰："何谓也？"曰："昔者圣人之作

《易》也，近取诸身，而告仁之方曰，能近取譬孟氏学孔子者。陆子生乎千百载下，祖述孟氏，以道在迩，欲人先其大者而立之，非举远者小者而尽弃之也。譬诸取天下者，先取关中，而韩魏齐楚诸侯王国，如建瓴水于高屋之上也。势不先此，而纷纷守徐取沛，举赵争荆，殚智竭力，祗见其惫也。"或曰："予方以径超为禅，子徒助吾惑也。"书曰："不然。夫子无言，颜子坐忘，玄默而天下归仁也，子是以为禅邪？是录所以破众惑也。"嗟乎！书乎！人不谓尔为妄乎？岁庚辰春暮再书长安西寓。

维新录序

臣某伏读今皇帝践位诏文，呜咽涕下，不能已矣。痛哉！先帝如日月之明，群阴积蔽，十有六年。兹天眷有归，龙飞襄汉，王上入继大统，奋揽乾纲，如大明当天，群阴尽敛。臣晦盲之余，不图今日再睹日月之重华也。臣逢至治，不能无所感者。臣一人之情，天下人之情也。人情思治愤乱，一旦扫秽除氛，泄其郁积之愤，其感极而涕，宜矣。先是，黄河清，庆云见，休祥迭至，天生圣人，岂偶然故哉？臣职岳牧，仰承德意，宣布海隅之余，窃思自古由藩邸入正大位，其贤无如汉文帝，帝事与今正仿佛然。臣请言之。

文帝入长安，至渭桥，却周勃请间，践位之始；却贡献，减田租，求直言，虚席延贾，拊髀思牧，恭俭之德，终始无替。当时黎民醇厚，几致刑措，三代以来，所未有者。今上入嗣太宝，大政弘施，小德罔计，法典宜正者，虽中外迎扈之臣，无少假贷，而诏款所颁维新之政，凡文帝所尝试者，不预拟而罔不毕具。臣谓汉至今日，千五百年，二帝入缵大服，规模政令，先后合一，岂天有意今日乎？然臣犬马之私，所望于今日者，岂汉文帝而已哉？万世仰至治者，曰尧舜，曰禹汤。汤之《盘铭》曰："苟日新，日日新，又日新。"日新者，即尧之中，舜之一，禹之祗，帝王相传之心法也。皇上维新之政，诚一辙也。尚愿亲贤臣，勤圣学，敬天法祖，日新又新，尚有加于维新之始。此臣愿也，亦天下人至愿也。

送友人吴懋贞之湖藩序

士入荐于庚戌者，若而人皆兄弟也。独予不肖，为兄弟之贤秀者弃，宜予者独湖中刘用熙，江右吴懋贞。用熙博古而多闻者，懋贞好古而有志者。予往来二人间，听讲《春秋》、三《礼》，时出意见，二人不以愚盲废予。方借二子进窥古人之学，懋贞忽参议湖藩，教我者日以少矣，将能无言乎？

懋贞给舍兵科，继为户科右，旋为吏科左，独立敢言，权倖无避，屡条边害，卒如所筹。尝举海内士高尚者数人，介逸者数人，皆用，是以升。又尝于镇巡失责者言之，牧守失责者言之，皆坐，是以黜。一时人士咸知有吴谏官之名。故兹行名重而属望者重，责人而人责之者，更专有问予曰："子知懋贞者。懋贞方来，所以处湖之政，何如？"予应之曰："予知懋贞，知其大者，细者予不知也。试举湖藩之政，将有民庶焉，有赋税焉，所以怀来经理之道，懋贞能之，诸寅牧能之。至有心计之深，无铢遗寸爽者，懋贞或不逮焉，未可知也。又将有盗贼焉，有狱讼焉，所以缉弭判处之道，懋贞能之，诸寅牧能之。至有发摘之才，如神出鬼入者，懋贞或不逮焉，未可知也。夫当藩邦无事，虽志士仁人，无大异人者。及临大难，决大事，方镇倚之为去留，生灵悬之为生死，是果寻常尺寸者能担荷乎？必有杰然振古之士，如吾懋贞者，周旋其间，披忠输悃，为天子保城社，为生民出水火，济则邦土之福，不济则颜张之节，确然不可夺者，我知懋贞不多让也，是则懋贞而已。或曰，懋贞当一方者如此，所以当天下者可知矣。然亦安知他日保大定功，为社稷臣者，不在吾懋贞乎？苟信予于懋贞为兄弟相知者，则凡天下同胞者，与责之望之者，因予言于懋贞，可以释矣！"

欧苏谱序[①]

去道远而宗法废，本支□。至宋欧阳氏，始为谱图，上崇本始。于时眉山苏氏亦谱以传他日，欧公见而叹曰："是不可使独吾二人为之，将天下举，不可无也。"於乎，博哉！二谱二法一本，近世知为谱者，类例不一，要不出于二氏。顾二谱藏于二集中，得欧亡苏，有苏或欧无考，用是合而梓之，使览者知尚本焉。夫天之生人，一本也。夫子祖述尧舜，尧舜亲九族，道曰："孝弟而已。"谱为孝弟作。览斯谱者，考始知源，考族知派，孝弟兴而本立矣。君子曰："斯道也，人道也。"人道立则二仪奠，然则奎星兆宋，盖不俟于濂洛矣！

---

① 底本正文原作"叙"，据底本目录改为"序"。

述古官箴序

予友徐君茂元，养志积学，未捷一第。今春以监胄上铨部拔俊遗，拜太平县令，欲予为箴。

夫官必有箴，箴，针也，所以攻痞滞，去裉氛也。医得针而身泰，仕得针而宦亨。予昔令郯城，得宋紫薇舍人吕居仁官箴，悬之厅事，朝夕箴砭，诸眚日祛，民赖以康。至今设像生祠，绵延近四十年，且逾望外，叨取今日，顾予何德，前箴力也。嗟乎！箴予效矣，予将别为新箴，以起瞻听，殊未尝试，孰若述已效之箴如吕氏者，为子箴乎？箴曰："当官之法，唯有三事，曰清，曰慎，曰勤。"斯言也，人皆曰此常谈也。然此天忌也，忌此而昌犯者，率至瓦裂，百莫一救，可轻忽欤？箴曰："与其巧持于末，孰曰拙戒于初。"斯言也，世孰不谓予智，能涂人之耳目，塞人之心窍。彼拙何为卒之？一孔露，百孔皆出，巧智无补，竟为抱瓮者窃笑。所谓拙戒之言，可轻忽欤？箴曰："事君如事亲，事官长如事兄，与同僚如家人，爱百姓如妻子，处官事如家事。"斯数言也，闻此若易，全此实难。世徒闻龚黄卓鲁，名光汉史，孰不谓有超世绝伦之政也？然亦不过充是道耳，外此非有加也，是可忽欤？

君行矣，请持此而揭斯退室，出而瞻，入而警，内自省曰："行罔或污，事罔或懈。官吾家无？民吾子否？日戒月惩，身无缺德，宦有休声，刑清讼理，政和人安，获上亲下，兹胡来哉？曰令也。令曰何有？曰箴也。期以三年，效斯征矣。然斯箴也，人知之，人有之，不能期月守者，效斯寡矣。今天下民病矣，予窃痛之，安得遍申此箴于凡令吾民者，皆得如徐令欤？令其勉之！令其勉之！"

送史文府同知寿州序

稽古楚都寿春，今寿州也。州在淮西，隶凤阳，为名郡。乃岁同守员缺，吏部抢于等辈，以吾邑史文府补之。文府以太学生，人物修伟，言议英发，恒以忠爱自许。初拜北彭城经卫三载，受封改南都镇南卫六载，以敏干著声。尝举事场屋，今岁上考功，遂有令命。

时吾同邑士大夫聚都城，皆曰："文府平日语公事甚跌宕，今同知郡事，将倒囊而倾泻矣。文府平日见饥寒蹙首，见强弱吞声，见曲直尝嗟惋，今同知郡牧，将摧高挽坠，等于一矣。文府两仕京卫，自愤无施，今当繁剧之郡，应变酬艰，将如发机而运舵矣。"予谓："文府虽材，志未必克伸也。每见郡同、官同而人不同，名同而实不同。同固可之，守固否之，同固举之，守固沮之，虽材且艺，安得而施诸？"皆曰："何也？"兹有以也。同之不同于守，非设官者不欲同，为同者不自同也。凡今佐之于长，大概锐者乘气以自陵，才者挟智以自放，廉者恃守以自骄，奸与贪，谲与暴无论焉。往往志意不孚于守，其为不同也，宜矣。皆曰："何也？"兹有处也。夫人有言："治国如家。"故家有长有相。以一郡而言，守，家长也，又家相也，未有长相忤而家众律也。吾为文府处者，亦善事吾长，善辅吾相而已。曰谦与和，事之道也；曰诚与慎，辅之具也。阳施阴受，家之瑞也；长先少从，家之宝也。持是而吾长与相同气同声、同德同心，言而听，举而顺，畴昔所志，惟其所施。慎斯术也，虽古循良之佐，可以阶而升矣。文府将欲凌高举远，舍斯道焉谁从？吾闻郡长江天信，有道士也。彼闻吾言，亦将千里而神会矣。皆曰："是在文府。"请书以送之。

送国子杨助教出判九江序

中江杨时俊先生，早以《春秋》学领乡荐上春官，登成化甲辰乙榜进士。初署澧学，丙午征典云贵文衡，九载上绩，擢拜国子学正，六年布教分职，士人心仰，每见重于祭酒谢方石先生。比岁，九江巨郡判佐员缺，吏部将推文学士以承流政化，上名天府，公于是有九江别驾之行。予谓时俊蕴材储学，将于是乎有伸也。言者每曰："入官之士，苟欲利世泽人，以上不为府守，以次宁为县令，同与判类非乐为。"问其故，曰："制政出令，守得主之，拯贫恤孤，令得亲之，判界其间，上不能干守之权，下不能侵令之务，往往坐是不足以有为者，多见其人矣。"予独曰："不然。判佐于守，而属于令也。予观天下诸司庶府，吏案公移，或达于上，或布于下，参佐金书，缺一不举，百司庶政，未有舍佐而独行也。"

天下事岂必握分符、躬拊谕，然后为已事？凡言听令行，利于人者，皆事也。判无诚意以事守，守始疏之，言不听也；判无懿德以先令，令始轻之，政不行也，是无惑乎判不足以有为也。夫守，吾长也，兄也，吾无欺焉。判言之，守听之，守之布于属者，判之布也。令，吾属也，族也，吾无忝焉。判率之，令行之，令之泽于人者，判之泽也。予以是知凡佐之不能伸其志者，非官之不能伸，佐之不自伸也，是无惑乎判不足以有为也。

九江为郡，将为守焉？将为令焉？时俊佐理之方，将有取于斯乎？抑亦他有处也？要其至诚以动物，正己而格人，就使宋均出而再治九江，所以去兽除残，亦率是道而已。今岁天下述职，天子举旷典，擢藩郡，宠赐宴服，以彰殊德。吏部公举六人，惬舆论者，不逮一二。是岂材不华，学不藻与？亦实德不彰于已，实惠不被于人与？他亦无足称已。士自庖人牧贩，苟诚心于利物，则事无不举，而况郡牧乎？以时俊之材之学，累实德以充之，循斯道以久之，他日勤汉庭之龙章，收古灵之论荐，吾预为时俊卜也。

送宪使邵子兵备松藩序

邵子敕备松藩也，人或难焉，走问书曰："陇蜀之西，不曰吐蕃乎？陇有岷，蜀有松，如犄角然，二腹之喉襟也。松岷者，扼其入也。松藩去成都千里，悬西北万峪中，入以二道：东江油至小河，西罐口逾茂至叠前，此险犹可历。自后寻溪绕线，仰凌千仞，俯瞰重渊，叠嶂层峰，夹道如壁，横石如锯。一肩一蹄，再瞻载上，岸断道绝，凿木穿云，至炼铁编桥，神魂惊丧，六月恒雪。厥土惟青科，种类犬形，内外不附，团岩绝岭，走峻如飞。隐木石，无辨一丑竖。抱石当要，百夫莫前。斗米输营，十已七费。戍卒终岁苦寒，恒不一饱。他难状焉。"邵子曰："噫嘻，艰哉！"曰："有故事焉。尝记天顺成化初，参将有韩焉，寨贼闻而落胆，都御史有张焉，人谓留再月而贼类将歼。自兹月滋岁蔓，五十年来，南堡失戍。幸东道未湮，官兵度难，威制公以柔驯私，实曲假保道通储，虽财困民疲，松城赖以无事。近岁，都御史马宗大，愤积世之弱，驱我官兵，一出失利，士论哓哓不已。嗟乎！柔果知重哉？幸苟安耳。拟兵非无志，一或不幸，不俟后举，遽已卷甲讳言，岂长计哉？"邵子闻曰："柔忍辱而糜民，兵冒危而招损，信乎难哉！吾弗知所从矣，愿有以策焉。"

书退而思之，曰："全大利者捐小失，天地间利害乘除，若有司存，知害而不知利，知存而不知亡，非达变也。故曰：'知几其神乎。'糜财保道，松诚为蜀也，然有大利焉，人日用而不知也。盍观中土之资长城乎？因山削城，桀胡健马，跳逾无技，及山断原平，虽高垣深堑，虏长驱矣。诸寨凭险糜民，孰不为山憾也？然松岷一派，设无长山大谷以限西北，则蕃骑长驱，吾蚕丛氏之族，将能人其人，书其书，文雄上国，迄于今欤？厌虱忘衣，厌焚溺而忘水火，书素暗而今知图矣。邵子往焉，边寨可柔，饥食寒衣，资以卫我庐舍，固我藩篱，御我寇侮，虽然如畜犬马，可也。彼或背德噬主，吾徐储粮，积岁养锐，俟时夺险乘危，执敲朴而使无主犯，虽然如建瓴焉，可也。子以资卫疑焉？我卒皆佣也，佣卒以石，佣寨得斗，彼已动色利有大兹乎？舍是无上策矣。"

邵子怃然曰："松果难乎哉？为我具舟，吾得穷江源，陟松岭矣。"邵子长南都，饱经济，富甲兵，少有志于韩范，兹行也，西贼之谣，请为倾耳。然在边曰韩范，在廷曰皋夔，吾党诸君，能为今日钱，不能为他日留也。试书以征。

贺[①]张母寿九十序

大宜人张母李氏，生自宣德己亥，早适张氏，事先都阃公暨诸姑甚谨。先夫子内资其贤，继总戎事。正统己巳，从英庙北征，殒土木之难。抚遗腹子张君世英，卒至成立，屡膺当道举荐，复赞河南戎务。迄今正德己巳，适先人殒难之年，历春秋者九十有二，耳聪目明，骨强齿健，子孙前列，询前世从戎之艰，先夫子随难之故，告语丁宁，历历如指诸掌。张君世英自洛迎养于汴，今夏四月，适初度之辰，三司诸君相率往贺，属予致言。

予考张氏祖孙三世，辈袭功勋，咸擢阃寄，领土皆于中州，百年于兹，貔貅世拥，金紫重辉，皆宜人有以事之辅之教之。兹岂人世之恒有乎？造物于人，上寿恒十之一，中寿恒十之二，下寿恒十之三。宜人九十逾二而精健不衰，盖必全天之真，夺地之精，完人之神，出于耳目形骸之外者。兹岂人生之恒有乎？生有重于太山，轻于鸿毛，先君子不窃生于国步艰难之时，宜人享期颐于升平豫大之际，生顺没宁，可谓两得之矣。兹岂人道之恒有乎？凡是三者，有一皆足以颂扬于时，张氏兼而有之，是可容于无言乎？于是登□三祝，又从而歌曰：

嵩岳崚嶒摩青苍，□流浩渺朝东洋。山之阴，水之阳，万古传说此中央。宜人三世居其乡，重金累紫争琳琅。黄精不啖芝不尝，天与冲和地毓祥。世人七十已非常，况复九袠寿且康，东邻争醑酒，西邻争烹羊，独有诸公祝愿难比量，嵩山高兮洛水长。

---

① 底本正文原无"贺"字，据底本目录补。

卷之二 记 志铭 碑状 祭文 词 ①

重修遂宁县城记

稽古蜀置两川节度使，而遂当其东，盖古大镇地也。城再作于五季，唐节度使夏公鲁奇，守死不下，志谓"有城如斗"，世号"斗城"。城之内又一小城，周遭官廨，与外城莫考后先。历是府于宋，州于元，县于我洪武辛酉。承平九十年，颓城废堵，无事修缉。

天顺甲申，巨寇悟升倡百人入我南郊，官兵无障，城市第宅，半为焦土。已而，知县王春、典史吴让沿旧增新，包石加砌，甃四门，作四楼，壮以城遭，南北三舍，东距西廿余里，川壤平沃，江环山峙，桑麻万井，烟火连绵，城楼堞雉，隐隐于苍松古木间。入其境者，率以"小西川"拟之，不知古实"大东川"也。予与诸君生丁成化、弘治之盛，出入兹城，若无所倚，逮仕四方，时尚清静，每城敝池淤，恒以兴作为讳。正德庚午，两河盗起，至通巴，亡命四集，始凭山泽，寻入荣，再入剑，铜、定既残，蓬、充随烬。羽书日至，炽焰通郊。吾大夫士告急于邹尹演曰："兹无往矣，吾城虽敝，尚可修治，愿戮力共守！"尹率曹簿忠、董幕铠，简市丁，具器械，建四角楼，迄四月城居民，增卑补败，与教谕吴玺、训导罗口，刻地分守。阖城男荷戈，女给馈，老幼守庐，缁衣黄冠变服充伍，士解衣冠，被甲胄，夙夜戒严。明年壬申正月，盗屯江北，数骑至城下，知我有备，旋走渡江。适建昌土兵突至，斩数贼返。从是，或经西鄢，或出东山。又明年癸酉二月，盗自南二十里渡江，屯我南埧，焚我南关，火烈逼城，人无二志。越四日，举众夹城北去，市居如昨。

呜呼！向微斯城，吾人安寄？语曰："中流失船，一瓠千金。"岂不信然？又明年甲戌，王师下蜀，贼平。先是，贵阳范侯府受知见素林中丞俊，以巴县学谕，荐知县事，忧去。是岁，邑人兵部侍郎蕨山黄公珂告于冢宰，起侯尹吾邑。甫至，保民固本，屏恶捍强，新庙学，作士气，成桥梁。逾年乙亥，百度具举，吾士人谋曰："曩保兹城，实惟天幸，葺兹重新，用图克永。"维时乡大

夫户部郎中王君翀解组城居，予自山东右布政与母弟今翰林庶吉士春、户科给事中豢、各守制还邑，暨今给事中王瑄、庶吉士陈讲，合士人耆庶，请于范侯。侯曰："吾志也！"具白巡抚马公昊，报可。侯与主簿曹忠、杜堂率邑人矢于城隍，神相人协，乃身斯役，弗式于昔，弗谋于众。步周丈，度工力，计丁粮，视旧高若干、阔若干、石厚薄几何。寻故垒，筑四方城。集金工、石工、土工，择八大姓余本璇等券八城门，余姓视丁力授周垣尺丈。首先有司抡义，官燕春、王朝杰、于东、汪嵩、于南、余季宽、陶凤阳于西与北，各司门之左右。又，余守宽、潘从裕、杨进万司四月城。经略既允，卜日即工，远迩效力，少以畚，壮以杵，工以槌以凿，营营匆匆，如蚁斯附，如哄斯声，石采于山，或毂或舟，蔽江塞道，而负薪给饷者，鱼贯绳连。侯日试月程，继以旦夜，未腊，百堵逾半。适我黄公以工部尚书奉诏归扫，曰："有是哉！"丙子二月，厥工告成。及秋，淫雨弥月，城渐圮，侯曰："吾暗稽古，任已忽人，其何以辞。"冬入觐，历邯郸，逾关陕，曰："吾知所以城矣。"明年归，再下令，官仍旧司，户仍旧址，继今石以丁，用土以锥钻入地，非碎砾弗胜，培基非巨珉弗永。女墙属僧寺，城堙俾市人，汝其宁坚毋速，宁朴毋巧，宁过阔毋逸高，使为者可因我弗作逆用，福于尔子孙，尔弗唯令，罚弗尔私。戊寅正月乙丑，工再成，以邑四山北拱玉堂，南环金马，右幛长乐，而涪江襟左，门各以名名焉。城周袤丈计一千有奇，灰石饷费，家给无计。呜呼！是役也，至是历四甲子矣。侯将上考功入台省，吾士夫耆庶登城庆曰："侯不再劳，人不永逸，天其或者有意斯城乎？"邑老曰："大造陶物，终归于尽，斯城虽永，安能与造物者争乎？"吾士人曰："不然，城邑兴废关国运，我皇明卜世以百，卜年以千，侯迹其同休欤！侯迹其同休欤！"于是，邑训导刘琳、乡进士李泮、生员张鼎辈各重厥事，属书纪之。予时改官滇省，既唯，而系之诗曰：

吁嗟我遂，古曰东川。龙山西蟠，涪水东缠，有美斯城，克壮且坚。矧也妇子，永矣无颠，于皇我侯，寿我无边。侯曰不有，天子万年！

济川堂记　代作

淮之清江厂，旧有堂三间，以参漕务。堂周寓有库若干间。中贮造船诸物，约数万计。自永乐迄今，十颓六七，中存三四，星散四隅，不便防守。冬官主事席文同来厂之明年，蹙视所储积于无用，欲为修缉，惧财力艰辛，不可易举，乃集监属于厂下，会计所需，金曰："旧厂过多，今裁其中半，计料尚有七八，中歉一二。商利于厂者，咸愿成之，虽不请官钱，可也。供役之夫，在厂有之，造作之匠，在班有之，虽不经有司，可也。"冬官白之都宪李公，公曰："可。"于是分官属事，卜日即工。逾再月而诸库成，逾三月而门厨成，又逾月而堂成。

明年，予适督饷事于淮浦，暇往视之，因扁其堂曰"济川"，盖取《大易》"利涉大川"，《商书》"若济巨川，用汝作舟楫"之义也。冬官作而辞，予谓："六军万骑，一日非粟，可生乎？"曰："不可。""长江大河，一日非舟，可乎？"曰："不可。""以是名堂，可乎？"冬官默而笑。"然有说焉。名济川者，堂也。克称堂之名者，人也。非堂也，居斯堂者，不可不勉。"冬官赧而惧。"然有解焉。济大川者，大君事也。作舟楫者，大臣宰相事也。于吾冬官何有哉？虽然，万斛之舟，浊天之浪，非百执事者，不可也。此以名堂，可也。"冬官请以是记之。

清江厂题名记

国家分水部以外领漕舟，此经国之远图，济世之第一务也。三代而上，天子食于国中，舟车不出五百里外，故《周官》隶司空者，有林衡、川衡二官，掌山林川泽之禁，领漕之官无由设也。自秦而下，罢侯置守，天子有天之下，括四方之粟，供中都之赋，于是漕法始讲，漕渠不可不浚，漕舟不可不作，而领漕之官所由建也。故历代相承，有都水使、都水台、都水监，虽品秩异等，沿损未一，大概不出曰河渠、曰舟楫二署。二署相倚经济家邦者，不能缺其一也。我太宗文皇帝缵承皇祖，定鼎北平，初从海运。自后清汶既疏，始更浅舟，由里河以达京师。南于淮安清江，北于临清卫河，设二提举司职专造理，是即先代舟楫之署，而经济规模尤大焉者。天子尚轸念储時切邦家之脉，舟楫适济川之具，惟兹大计，经理非人，则利济之功缺矣。复于都水部各出郎官一员，监领厂事。在永乐、宣德间，或遣郎中。自景泰后，例遣主事。额以三年一代，代而往者，其间有升潘臬之司，有擢都台之寄，有位六卿之列，固将利济于后先矣。

弘治戊午，书来监莅斯厂，询访前修，吏案腐陈，姓名无纪。暇询乡廉宪石翰卿、乡大尹张玄卿，仅得大概，未究委曲，苟求备而不为纪。越后数年，益泯没矣。因序次刻著于石，且虚左方，以俟后之官长，庶赖此石知名于后也。登名于石者，苟忠于舟楫之具，上利吾君，下济吾民，则后有目其名者，皆曰："斯人也，吾闻之也。"其或生无济于时，死无称于后，则曰："斯人也，吾未之知也。"于戏！石不能品藻乎人，人言之臧否，则因乎石，人之言孰愈于石之言？凡我同官之士，无以厕名于石为荣，恒以贻言于石为惧，则斯石也，盖有不徒然也。

重修宪衙记

凡官舍名衙，稽古已然，而按察司为外台御史，居第严重视诸衙差异。汴臬中天下而居，旧有宪衙在总司东，历今百年，日入于敝。前寅者，以财力无措，未克修举。去年乙丑，淮南仲与立来金臬事，巡劾奸污，拊集流困，风概凛凛，赃吏望风引去，余力更多兴举。今年，始度馆舍之敝，计图更新，然大举则财用未赡，小费则岁月不堪，乃于听讼中，材取富愿赎者，役取贫愿代者，食取征敛赘余者，以二月丙辰，命工集事，仍旧增新。为先后厅计间各五，东西房各三。厅之后寝有室，厅之西书有舍。棘垣四固，重门高屏，入者生严，望者起畏，思构奸于左右者无隙从是。继继以居，虽百年可永。

三月庚子，厥工告成，诸寅相率以庆，书有感而作曰："此传舍也。"自夫居传舍者，视为旦暮，栋腐莫支，榱摧莫理，垣敝寇窥，不早为图，皆曰："予姑委之后也。"前者既委于今，今者复委于后，后之人，又委之不已，卒至木败瓦裂，虽匠石氏不能善其后矣。兴立是役，不可以不纪也。或曰："子有激而言乎，请记于石，以告夫凡传舍于公家者。"

广利寺记

中全蜀而画邑者，遂宁也。邑西一里许，越长乐、佛现二冈，有山来从西北，蜿蜒蟠亘，势若卧龙。龙左山东去一里，突起回峰，若人背剑旋观者，有降龙之状。右带诸山，腾蛇舞凤，瑰瑰奇奇，争趋内护。一山半面，若揭天榜，锁塞东南。近龙口，结小山若珠，二溪合匝于前，横卧长虹，纡徐三五曲不去。有寺北枕龙首，环山带溪，穹然南向，是为广利禅寺。寺基自卑登高，大约层级六七，上至龙顶。自唐开元至大历间，克幽禅师阐教兹山，寺日以大。历五代、宋、元，显身化相之灵，金锁瑞莲之异，额赐或仍或改，院宇或合或分。盛则楼殿楹厦，至以千计，废则倾梁攲石，至与荆莽同墟。大要时盛以兴，时衰随废，断碑所存，率有所考。

入我皇明，天地再造，山川改观。前僧会觉境、洪海，住持妙冲辈，沿旧增新。山半龙准建什伽正殿，左右并二殿，曰地藏、观音；近后并二堂，曰伽蓝、祖师；下一级斋禅二堂，又下一级千佛、轮藏二阁，皆东西峙向；又下天王阁，耸对正殿之南；又下山门、圆觉桥。正殿上为毗庐堂，又上为法堂，又上近顶为圃殿。克幽塔在观音殿后，塑观音即克幽化象。塔西千手大悲阁，阁西瑞莲池、伽蓝堂，东僧会司。自洪武迄宣德，草创六十年余，寺规粗备。正统间，僧会清贫、乐严者，沉敏有心计，早随无际师，应英宗皇帝诏至京。师示寂，乐严扶柩归住此山，信向甚众。视殿挽杂，重加檃括，以入绳矩。于天王阁东西，增建东岳、祈禄二祠，钟鼓二楼。瑞莲池南构天香阁，池北上构寒谷室，室前列奇石名草，堂下集古御制遗碑石，西北二百步山谷间，克幽卓锡泉涌之处，覆亭曰“圣水”。水旁竹木掩映，且产山茗，客至，汲煮以供。聚石巨万，视殿台下上，重栏列戟，如百将千兵摆甲侍卫，自山门至顶，崇崖削壁，梯磴连云。桥东建坊，表“西蜀禅林”四字。自是铺石作道，道傍植万柏，直入邑城。手画观音像以遗寺僧，画罗汉于毗卢堂，十大士像于大悲阁，皆极神采。寺既大成，师乃谢事。其徒僧会净本，邑巨家，吴姓，号一然，得传衣钵，主领三百余山，克守佛戒，尤雅敬文儒，往还诸大夫士。惧前业失继，与其僧派妙祥、净立、果照辈，协心嗣葺。成化间，复于桥北建金刚殿，壮列八字山门。殿去天王殿道上下间，建坊若翼，大字书寺额。东西作二亭，以护碑志。百凡废修坠举，寺僧日盛。依山鳞砌，至千余。

登斯山者，仰观则辉映上台，俯视则尘绝下界。远而眺之，层阁叠屋，或隐或见于丛林疏木之间。入其中，复道萦回，金碧炫目，恍如身寄梵王之宫，神怡志旷。使臣驻节，骚人留咏，登堂说法，听者环堵。岁时佳节，远近走香帛者，无类万余。其他丈室幽庵，断桥曲径，日升而佛光晨荡，钟鸣而山鬼夜号。浮岚积翠，鹤唳风声，巧态奇观，不可穷纪。

予尝宦游南北，寺刹之盛，无如两都。然率居平土，无层峰叠见之奇，无山林萧散之气。而荒山野寺，又不足以耸人之瞻。求类此山者，若燕西山，杭西湖，山东灵岩，京口金山，虽形殊势迥，而吴笺蜀锦各自呈奇，无害均为宝也。独惜夫蜀中山水，杜少陵品题殆尽，东坡，蜀文人也，墨迹遍天下，而于此山独靳哉。意者，少陵自梓江经遂，时值董卓之乱，未获登览。东坡自仕神州后，不复还蜀，载籍未著，遂使此山无闻于天下。岂山之不幸欤？抑将有待于一然欤？予方咨嗟浩叹，有僧长眉赤足，从旁哂曰："往过未来，法无二也。龙山住世亿万，寺籍尚未千年，方来历千年者，不可数计。子胡厚往而薄未来邪！子安知龙山含灵孕秀，不待时而发泄邪！又安知百年千岁，无鸿儒硕士如杜如苏者，出而摸绘龙山之胜，跨往去而雄未来邪？"于戏！此岂僧言哉！予感一山之眇，而悟宇宙之大，且惧将来操笔者之无征也，乃从僧氏之请，爰记本末，刻石于山。

会胜楼记

夔，古巴子邦也。正德庚午，临川吴侯显之以工部郎中出守是邦。逾年，六事孔修，四异叠见。又明年癸酉暇，于城西大江之浒，建楼三楹，曰"会胜楼"。

楼以会胜名者，夔当蜀口，万流交会，百二重关，白帝城、永安宫、滟滪石、巫峰、瞿峡，藏奇拱秀。杜子之诗响如闻，诸葛之阵图宛在。楼名会胜，会江山之胜，可也。夔当舟道之会，士大夫取道于此，乘高眺远，览胜挹奇。橹声与棹歌时闻，明月与清风徐至。觥筹交错，宾主尽欢，不知身寄形骸之外。楼名会胜，会宾僚之胜，可也。蜀盗跳梁于兹五载，时值天兵南下，渠魁授首，余孽就平。乃夏四月，楼适底成，侯率父老酾酒烹羊，登楼胥庆。楼名会胜，会兵戈之胜，可也。富哉，侯之名斯楼乎！

予尝爱夫山川形胜之地，寓身则体舒，极目则情畅。独慨夔口而下，夹岸千寻，云横日蔽，惊涛雷斗，怪石排峰。吾今寄此，凭高望下，心悸神褫，方将虑险思危之不暇，乌在其为胜哉？

噫！子未学道乎。物忌盛满，道尚谦虚。羊肠无敝马之危，通都有覆舆之患。孔子尝观欹器，老氏每戒止足。此持胜之道，造物者之秘藏。达此者昌，犯正者亡。自昔英君名臣，抚盈成之运，挟社稷之勋，鉴成败于往古，思悔吝于方来，夔夔翼翼，图惟厥终，皆是物也。持是以铭五凤楼，屏五岳四镇之雄，观三江九河之壮，览拱冀阙，朝宗渤海，亿万斯秋将无已，而况斯楼乎？而况吾人乎？后之君子，过斯江，登斯楼，览斯文，可以感矣。

席氏先茔记

古长江县上流十里，曰珉水埧，吾祖世居也。埧名珉水，不知所谓。按《说文》：珉，玉之似者。意尝有珉产江，或此江波润如珉，因以名乎？珉水旧家，初惟姚、席、赵三氏。元末，东有康氏。吾席氏友轸而前，族未甚著，至训导祖横冈先生，元季国初，三典郡学，为时名儒，族始有闻。考吾珉水祖地，东邻石子埧，西界赵桂芳，南北皆滨大江。旧藏印给扜凭遗嘱，昭昭具在。相厥山脉，自龙台出西洲，迢递曲转，突起一山如屏，曰回龙山，今为珉水寺。山冈下伏，平洋蜿蜒，如螭蛇之状。中冈之准面午为祖居，居右五峰之麓，为横冈冢。居左支冈横抱，因号横冈。背即横冈。又友轸母王氏冢藏焉，冢后树多杨雀，俗名杨雀林。友轸而上，宋元先茔，俱葬此林，又名席家陵。陵之右为海棠池，近废为田，陵之前有二石狮，又前近友轸冢约七步，有合抱红豆古树。洪武初，横冈祖继娶樵氏，以前子景渊随官久，爱莫能割，遗言以珉水世产存留本宗之外，竖立四界，付景渊承业，世守先茔。

厥后，席氏世居遂城，景渊子孙，力绵丁寡，界地为东邻侵越其半。后成化间，吾祖茔杨雀林、海棠池亦为所并。吾曾祖思恭，横冈孙也。吾母吴氏尝曰："吾初适门时，见汝曾祖谓汝祖曰：'吾老且病，恐一旦捐馆，汝何由知汝之先陇也。'遂携汝祖诣珉水，指画友轸父祖诸冢，尚有宋碑。"豆树后为邻民毁伐。弘治初，祖轸墓碑尚在，王氏亦匿碑颓冢，上艺菽麦。

幸赖祖陵不坠，至我兄弟叨入宦途，始于王氏疆内寻获友轸故冢。祖茔在杨雀林者，尚未追复。近岁，红豆树复生一株，高丈许，邻民斩其株并去其根，寻复丛生。健讼者累年，今岁宪司移檄潼川，分委遂、蓬二县，主簿曹忠、张经会拨杨雀林故冢及海棠池岸，周袤竖石，经界故地，少复先茔。始正祖遗田土，仍归王氏。令席氏族子一人承种海棠池，归复故田，结庐墓为世守园林。惧久如昔，谨书冢世田墓兴复，刻著祖轸墓南。又镌"遂宁席氏先茔"擘窝六字于杨雀林冢，昭告来世。余未备者，互载横冈墓碑。

呜呼！由兹而往，珉山不砺，珉水不涸，吾祖其永闻矣！

清风桥记

遂西北去城六里，二溪分自龙头山，亘如双蛇腾走，至席氏舞凤山麓，交并合流，出明月、元山两峙之口，五七曲入涪江。世传唐夏鲁奇守遂，于峪口筑横堤，沿山凿渠，引流护城，因溉田亩。志谓此池，每皎月当空，金波摇荡，谓之"明月池"，而山因以名。山有寺，寺后有清风亭址。玉山当左，与池辉映，右带清流一线，来自龙潭。吾席氏世居池山环聚之间，而渠流适往来之路。天顺、成化间，书先大父讳瑄，与乡父老张大成，尝架木作桥，为水泛圮。正德辛未，邑尹邹君演，以吾龙潭府君之故，偕簿幕曹君忠、董君铠往吊山居，驺从不便，农士多艰，谓桥非石莫久，计工给直，命寺僧普颜于玉堂山侧伐石若干，挽运才三之一，值流贼中止。越岁癸酉，书总宪二浙，邹尹致政归丰城，二弟春、彖各趋试礼闱，无为有司白，桥事遂废。明年甲戌，春下第还邑，适贵阳范侯季修，被朝荐来试吾邑，下车急先民务，首视明月池堰，询桥之故，春第告所以。曰："此吾事也。"条画方具，号令随申，不再旬而桥倏成。侯手书"清风桥"擘窝大字，镌之桥左。是年，书方趋任东藩，弟彖举进士，将铨补中外，以吴宜人忧，归吾元山，睹桥之成，闻我二三乡老颂之路曰："美哉，斯池！月明无期。伊谁为之，我侯之贻。"又曰："美哉，斯桥！清风以陶。伊谁为之，我侯之劳。"书进父老而告之曰："侯奉天敕，承宣乃职。饥者以食，困者以息。月照风嘘，百里如一。侯方豸史，小试吾邑。汝歌汝颂，不知何识。何以报之，请勒诸石。"

重修遂宁县学遗事记

吾遂侯丁君護以岁壬戌重修庙学，大学士杨公廷和已记其概，中未录者：

侯初议此，直岁荒危，公帑无素，大惧敛财毒众，召集乡义士于堂下，酌酒礼劝，以雁塔二亭属吴伯堂，祭器属燕大经，东西庑张琦翼、罗玄纲，东西号潘崇裕、冯宪方，棂星门僧会净本，又属张尚中、吕九约、胡子敖、闵宗政、张仪安、汪嵩、黄道成、叶本澄各输钱谷，增饰堂殿，置古铜炉瓶三，爵百有五十，以供祀事。而督工缮理，则义官余本璇、王勋诸人，一时皆倾心乐事，民无尺帛之扰，厥迹告成。越今乙丑秋，侯以迹最，升判成都府事。司训张彬谓："侯综理诸人之功，皆不可泯。"

　　窃慨遂宁庙学，迁建于宋嘉泰壬戌，迄今三百年，历壬戌者六。丁侯复以是岁倡率此举，而诸人响从，岂学校兴复，固有待乎人，而所以一兴一废，实有天运者存欤？载考嘉泰壬戌，适宋偏安，自建学而后，载名雁塔，凡科不下十余士。今代壬戌，侯率诸人兴于太平全盛之日，继今道化人材之盛，岂徒宋代而止欤？因附碑阴，昭示于后。后此而历壬戌者，不知其几，以今慨古，安知后之不慨于今也？

修贵州贯城河记

　　今太子少保刑部尚书兼都察院左都御史洪公，先于弘治戊午以右副都御史总理幽蓟戎务。甫至，首建大策，治潮河川，塞北虏南入之路，事过半而寻沮。岁甲子，诏仍先职，改抚贵州。贵州，古夷蔡地，入国朝，为宣慰使司，初隶四川，以行都司控制其地，逮永乐间，始设藩省。省城阴有溪，远出夷箐，贯入城腹，曰贯城河。每夏秋水泛，沿岸居人，庐舍门墙率为倾圮，人畜漂溺，贻患有年。公询故老，前巡抚蒋琳，正统、景泰间，尝于郊外上流，傍凿河渠泄水三四，皆于南门汇襄阳河，由思南浮于涪，达于江。物换星移，渠湮木拱，故迹罔寻。公亲诣沿城，度势揣功，乃会镇守太监杨贤、总兵官都督佥事颜玉，集议修复。财费资之公帑，器具给之旧储，夫匠需之近卫。率半月更番经画，既允，乃属役于三司，刊木斩道，塞污攻坚，人乐趋事，不五旬而渠道底绩，两流既导，城市胥安。此公卧镇之绪余，非蕴经略之素蕴也。今岁，父老咸诣方伯郭君绅，请石以纪遗惠，属书为记本末。

　　或曰："《春秋》大事则书，小事可略。贯河虽成，法不必纪。潮河宜书，事未克成。"於戏！贯河之书不书，固也。使潮河有成，群颂成碑，惟其无成，众言成讼，兹假贯河之石，以伸其说，可乎？予始未涉潮河之涘，未尝不随众悲喜者。后以衔命过临，乃知兹川之在京北，万骑足以驰驱，弥日可及都�…，河不徒则川莫塞，川莫塞则虏莫御，凿山而工已什五，引流而效臻什二，兹役果成，乃国家万世金汤之利，岂直贯城河系于一方哉！顾以偶于失利，不胜群议而止，兹有说矣。天下事，其成有二，以顺举者，人无怨谘，士有颂声，虽庸人亦争为之。至有事关国社机伏安危，不劳人不永逸，不重费不长治。夫自爱其身者，人情也。孰肯犯众怨而冒为之哉！间有豪杰之士，炳见几先，忠勇体国，为古人所未

尝，任众人所不敢，然卒之委不专，任不久，口语横生，铄金销
骨，辍九仞于一篑，隳万里之长城，往往是也。由此观之，潮河之
难成也，何怪其然与？噫！乐成易，谋始难，吾见公之图始，未见
公之底成。是无惑于人议之诪诪也。然公方执法中台，入参三府，
名实日加于上下，庸知潮河之坠典不兴复于今日与？万一不然，又
庸知潮河之遗憾不甚于贯河之遗思与？夫贯河之功，贵人思之，贵
人知之，可也。潮河之议一诎，国是终晦，国断未伸，其如天下后
世何哉！予故以帝都天关之议，窃寄蛮烟瘴雨之滨，非为公言也，
为天下后世告也。公名钟，字宣之，杭之钱塘人。

石田叟记①

有叟慈滨居，有石田数亩，日耕其上，自号石田。田自辛亥，
迄今年癸亥，叟弃耕犁者一纪矣。

叟郎奉叟教，出身公家，不能依田以守，携田以随，乃绘石田
图，仕外随外，仕朝随朝，见图即田，见田即叟。噫！此可识郎君
矣。郎君一日持叟图以示同庵子，同庵子曰："异哉！叟乎。耕以
较获，此天利，非取于人也。"叟不择膏田沃壤，劳筋力，疲动
止，拳拳于瘠薄硗确之间，叟何取乎？同庵子思三日，未解，问于
先达之有识者。识者曰："叟知道乎？凡物，大运，积于微者渐以
巨，履于盈者骤以倾，此物之情，亦天之道。故东日之朏，丽天之
始也；西日之烈，悬车之势也；月之亏盈，亦然。"江水出于岷
山，仅一线耳，积流不已，至于沧溟之浩瀚，障黄流于盟津，下长
堤巨栅，垒石堆薪，自谓功过禹矣。苟暗于满覆之戒、泄杀之术，
惊涛骇浪，拍岸推山，一溃而不可救矣。此石田教也。试有人焉，
据膏肥，连阡陌，一岁之盈，足敌百家之产，苟非创业者流德于
先，承家者思危于后，但一中人乘满于间，满则荡，荡则淫，淫而
无纪，百金之资不充一日之费，其亡可日俟矣。叟田以石，耕必
勤，取必约，用必俭。一岁较之若不足，数岁较之则有余，况心虑
危于艰阻之地，警敏生于忧患之余，从古圣人，率蹈此者，叟非倚
利于田，盖将托教于田，垂之家，以俟知于世也。故曰："叟知道
也。"

同庵子喜闻其说，有从四明来者，问曰："慈下居人，旧有据

---

① 底本正文原作"说"，据底本目录改为"记"。

良田而富者乎？"曰："有。今荡业者过半矣。""有据瘠土而贫者乎？"曰："有。今积富者亦半矣。""旧闻有叟尝耕石田否乎？""叟去矣，今其田气日发，土日旺，嘉谷可以荐清庙，美材可以作豆笾，逮数十年，石之秀，木之良，可以柱国而梁天矣。"闻叟之主器，有曰："杨名夫，号柳塘者，登科十七年，三仕为县尹，迟迟而至于考功郎，官嘉谟著，清朝盛名遍天下。推其后世，必有元公硕辅，与国随休，非鄙人可称计者。"嗟乎！此石田之明证矣。持其道以上献天子太平，非所筹矣。或曰："叟得聃耳之训者。"非也，叟世业儒，盖读《姤》《复》二卦，有见天地之心也。同庵子走其说，告之柳塘，柳塘泣下，徐谢曰："石田之教，吾叟不以告于人，亦不能以告其子，君知叟者，请笔其说。"

云南布政司题名记

大明混一区宇，建云南布政司于西南万里，与中州诸大藩列为十三省，置布政使左右各一人，参政左右各一人，参议左右各一人。曰布政者，布天子之政而下之民也。参政者，参厥所布政也。参议者，可否一堂者也。此洪武时命官意也。永乐宣德间，军伍农桑，屯田水利，左右使总之，而参政、参议，人司其一。正统以来，方隅多事，始各分守一道，右布政使兼事清军，最后盐政、粮储又增参政一人，寅恭济济，各率其职。至关军国大计，乃参会省堂，图惟克允，遂白藩镇抚按，上天子，下有司，奉行惟谨。百五十年，诸长贰名氏履历，赖二石具在。正德丁丑，左使贵溪詹公廷信，更谋一石续载，一时虚其左方以俟后之君子，曰："是役也，将以考宦辙于兹土也。"或曰："如斯而已乎？"曰："将以考崇级于将来也。"或曰："如斯而已乎？"曰："将以考能宣上达下，布德遐荒否也。"曰："将以考能、参谟、协议共惟帝臣否也，能曰职否？"曰："旷历千百载，不磨能无畏乎？金谋。"将寝，詹公曰："勉厥职，戒厥旷，其庶矣乎！"乃相与共成之。

道山书院记

去邹鲁千载，得绪余者，曰伊洛，当时立雪程门，皆我闽士。闽学之盛，君子已知，不在宋南后矣。故龟山辞归，明道目送之曰："吾道南矣。"噫！斯言也，宋未南时，洛道已从南矣。夫南，非一也，而闽独南擅，故称闽者曰："海滨邹鲁。"以邹鲁之道，自洛而入闽也。惜福为八闽之会，闽人崇祀诸贤，各于其党，不能合祀一堂，此数百年之缺典也。正德己卯，书来旬是省，将举缺遗。右辖华文光、宪使卢伯居诸公，与我同志，合请于监察御史华亭周文仪、昆山周世亨，皆曰："是不可缓。"卜省城，得地于道山之北，若有待焉，为堂三间，设游广平、杨龟山、胡文定、罗豫章、李延平、刘屏山、刘白水、朱晦翁、蔡元定九人，各同堂异室，以致堂五峰、黄勉斋、真西山，或碍于父，或拘于时，各别于左右副室，与九先生俱北面，朱氏门人俱列东西二庑，堂前为仪门，又前为正门，正门转北，临衢，扁其坊曰"道山书院"。门左右二坊，一曰"洛闽宗派"，一曰"邹鲁源流"，堂后曰"主静堂"。左右各翼二檐，东西厢曰"存心"，曰"养性"，后作亭曰"寻乐"。于凡庖厨燕息，亦各有所。告成，诸士胥庆，请志一言，书乃作曰：

自龟山得师伊洛，授于罗李，一以澄心主静为本，其孔孟心学之一脉乎！延平亲诏元晦，令于静中体认大本未发时气象，师友渊源，诚有自矣。惜鹅湖仇论之后，朱陆门人，各立门户，争相树党，使孔孟大中至正之道，竟涉多言，几于晦坠，无亦学之者之过与？然则，今士有志闽学者，必求师友之所授受，而后可寻伊洛之派，溯邹鲁之源矣。造祠者识之，造祠者识之。

河南按察使石丘宋先生墓志铭

书官南都，有生曰恪造予，泣道先父辱僚汴台，谓书知己，属以志铭。呜呼！书诚知公者，忍以不文辞？

按公姓宋，讳礼，字惟寅，别号石丘，世家钱塘。先大父业京邸，尝梦人授以人首，未旬生公。三四岁授诗成诵，十岁余能文，局远气豪，下视流辈。学士汪公器重之，补顺天府学弟子员，试无或先。成化丁酉，知贡举，试《圣人全体大极论》，通场无当意者，晚得公卷，曰："场屋中有此性学士邪？"遂解京闱。至今业举者，多能记诵。明年戊戌，登曾彦榜进士，时年二十二，读《易》者宗之。观都察院政，授南京刑部主事，升员外郎，判讼如流，狱久疑者，片言可决。己酉，擢山东按察司佥事，所至除恶长善，民有"宋青天"之称。（某甲子）丁外艰，改除陕西西宁兵备，寻升本司副使，兵戢民安，父老作俚谣登布幅送之。以忤守镇刘朗，调四川建昌，练武兴学，士民爱戴。闻继母讣，有司以所余馈赆，公自艾曰："岂礼行未著人邪？"送者愧退。军民为立生祠，归制服阕。正德丁卯，推河南提学，正身率德，不屑考较文字，士类驯服。寻推本司按察使，宪度修举，不事刑威，百僚率职。时逆瑾当国，势焰熏炽，奉法不挠，奔事者各跻台省。公静处自如，惟付微笑，卒以正罹害，仅得免官。贫弗克归，寓居陈留，别作东园草舍，玩《易》于中。时与大学士野亭刘先生往来唱和，历十三载，姓名不通于有司。后十载，书宦道陈留，厨餐乏稻，惟鸡黍叙别。越岁构疾，属二子葬县东，俟有力，归祔大兴先茔，棺敛不必求备。将终，具衣冠，正坐曰："予数已至，气尽则熄，他无神鬼。"语毕，暝目而逝，时年六十有七。

公生平沉重寡言笑，喜怒不形，临事有断，一介不苟取予，虽盛暑不去衣冠，文尚古雅，善草隶，与人书必楷。谓二子曰："吾身虽贫，吾性无损，汝无我移。"呜呼！世名古学者，行率不逮，公不立名，而举措可质神鬼，他日廉吏传书不尽，公无求矣。

公生景泰丙子二月二日戌时，卒嘉靖元年壬午十月二十日酉时。考讳珍，封承德郎，生妣蔺氏，继妣闻氏，娶庞氏，各赠封安人。子三：长忱，充陈留庠生，出潘氏；次恪，次恬，出王氏。女四：长适刘敬；次适周凤翔，卒；次巧姐十岁，由姐五岁，出丘氏。义子金，待如己出，生事死葬寄焉。将以癸未月日葬于邑之东庄。书谓："欧、苏产江、蜀，卜葬颍、汝，陈留中土，可无北移。"为铭曰：

我闻在昔，至朴不亡。公性无凿，伊谁与长。公来自燕，归也中央。太行峙北，河流汤汤，於戏！山不砺欤，河不带欤。公灵不磨，有如此欤。

河南按察司副使柏崖余先生墓志铭①

公讳本实，字诚之，别号柏崖。先世麻城人，祖文凤徙居遂宁忠城里，生胜英，胜英生父甫，赘里人高公麒，随尹长乐。景泰庚午二月某日，公生遂城西关高氏居。少颖异魁伟，年十二能属文，文无师，以省会试文为尺度。弱冠有声三蜀，以《春秋》经宗远近。至成化癸卯，始授乡荐。丁未，登费宏榜进士，试刑部政，为

---

① 底本正文原作"河南按察副使柏崖余先生神道碑铭"，据底本目录和文体改为"河南按察司副使柏崖余先生墓志铭"。

诸老器重。明年，弘治改元戊申，出补江西鄱阳邑□附府。民庶讼繁，号难治，公殚心毕力，治陂塘，集流徙，决疑多异政，当道奏迹，为江右第一。癸丑擢山西道试御史，未二月，都御史屠公请试新进二十人，置首选。□北巡马政，事难处者，类多委之。丙辰出按云南，先声所至，赃吏远引。时有逆叛十数系狱，徒党谋于市决之日。殆生他变，公临城三日，谋说他事，移辰而决。时黔国沐公，长嫡无出，二出尚幼，三出长，群议欲立二出之幼，公上疏："传子以嫡，无嫡立长。"竟以长袭，得息纷争。孟家数年仇杀，□□□□□贵势，生事邀功，亏军损众，公具实按劾，彼亦诬疏排抵，欲中以祸，赖清议，竟迁其人。所至伸冤雪枉，平反甚多。次年先侍御翁病笃，企获一面，公便道还邑，侍汤药二十日终，人甚异之。辛酉服阕，补江西道，时制，凡六部九卿建白大事，皆参预科道，而十三道章疏，皆司本科。都御史浮梁戴公为时名臣，百凡建议，咸属公。公勉副人望，遇事敢言。时贵戚颇炽，传奉间闻公疏："祖宗文职非才能不授，武职非军功不除，请惜爵赏，重名器。"有旁亲欲预锦衣卫事事，公疏："祖宗时贵戚厚爵禄而不任以事，请仍旧职，以全恩义。"有援贵戚买盐射利，公疏："祖宗备边，以盐为飞挽之计，某等名虽买补，实损国储。"凡所论谏，皆见俞允。至延寿塔将建，公倡台臣力言而止。一时裁冗员，罢浮费，杜倖进，革内外生事中官数百人，公实参议。自设台谏来，未有遭时际运、风采振扬如公者。铨部拟棘寺丞，为柄用之阶，中阴忌者谤沮。甲子春，升福建按察司副使，冢宰马公□□悔悟，将大用之。未几，丁母忧。正德癸酉，补河南按察司前职，莅任六十日，六月二十日以疾卒于官，时年六十一也。

公负气屹屹，崖岸逼人，中实仁恕，生平寡言笑，与人不合，词色不少假，而礼遇亦疏，人多短之。独侍郎储柴墟曰："此真御史也。"言事不抗不随，务存大体，劾荐大臣，先品局而不摭拾人长短。每言中外调停，事乃克济，要直偾事，何益于时。自公外补，而言者过激，至成逆瑾之变，衣冠受祸，社稷几危，公言始验，老成谋国如此。一时在吾乡方面中可当公辅之器者，王一言行之与公二人，方期显用，先后长逝，未竟所施，人甚悼之。有论公曰："当言□者，可以当相。"孝庙晚年锐意太平，可方汉文帝、宋仁宗，为一代令主，公司台谏，匡救实多，不可谓不遇矣。呜呼！公可无憾矣。

公娶罗氏，生子四，女七，具载碑。先是公卜地城百十里玉堂山支，且曰："吾他日当附诸先侍御。"及公卒，子玮迎枢河南，将从治命，人议未一。次年庚午十月，遂归葬城西百里忠城里祖茔之次。岁时伏腊，不便展拜，兹欲记石，顾诿以慰孝思，谓书旧游门下，知公独深，属书揭其行谊之大，且使后人知清朝之有余御史也，庶公没而有不没者存矣。铭曰：

长乐之麓，遂川之西。石为谁刊，文为谁题。其人已远，其石可稽。而今而后，川不陵，山不畦，斯文不丧，斯石不移。

五世祖训导横冈先生墓碑①

先生讳复，字无悔，至元癸亥八月初三日申时，生于遂宁州宋元故居珉水埧。

世贯儒籍，仪状魁伟。少治《易》，闻临川吴文正先生得程朱正学之传，远游其门，归而有得。建楼居左读书味道，学者多归。元季典州学教事，伪夏天定间，避兵外郡，至开熙复居。初娶张氏，再娶王氏，生男二：长仕霖，次汝霖。侄仕隆，时从元俗，以汝霖出赘姑夫姚教授子好问为后。洪武四年，天兵下蜀，应时革命，改遂宁州为县。十七年，增设县治，以珉水隶蓬溪。前十一年，王氏没，再娶谯氏，以前子王景渊随养。越数年，有司以贤良举送铨部，客金陵者三载。蒙诏放还，将终志林壑。随授潼川州学训导，以身率教，士类熙然。年七十，任满，虑后事纷更，以侄士隆分产客镇，长子仕霖分产遂城，亲书遗嘱文字，以珉水田庐存留之外，半给景渊，世守先茔。未几，改任合州，如前职。年几八十，归休邑里，远近生徒从游日众，有不给者，每资薪米。邻生康姓侍学年久，割南亩赡之。后官郎中，年耄骨强，饮食应接，无异平时。往来遂城珉水之间，日与二三士更迭唱咏，徜徉山水。永乐戊子十二月三十日申时，卒于珉水旧居，得寿八十有六，与谯氏合葬珉水祖居西山之麓。先生既没，子汝霖以好问婆妾廉氏，生嗣祖、嗣宗；又以士霖无后，遵好问遗嘱，受伊田庐，并士霖原业在遂城者，归嗣先生。

先生国初名儒，首倡文教，实吾邑宗师。尝属门人韦贯之曰：

---

① 底本正文原作"吾世祖训导横冈先生墓碑"，底本目录则作"五世祖训导横岗先生墓碑"，据底本目录改为"五"，"岗""冈"统一为"冈"。

"吾他日有孙，汝善为教，是所报我。"韦后召吾祖讳瑄、叔祖讳衡，亲为训书。吾祖尝面语书曰："吾无以慰吾祖，汝辈尚当策励，用昭我先人之言。"书等承训奋发。书以弘治已酉次解川西，次年庚戌联举进士。母弟春辛酉、彖正德丁卯各举乡魁。游泮庠者，各有奋励昂霄之志，实我先祖作基深而流光远也。先是先生坟阡托守王氏，席之子孙，世居遂地。邑隔岁远，失祭扫者三十余年。至我兄弟，始率族人循江拜祭，又推横冈之先友轸而上宋元先冢，以次进复，登丘而望，背连重嶂，面叠三峰，龙冈左横，岷江右带，周城四闭，如千兵卫将，巨兽捍门。以堪舆家言之者，孙枝之盛，有自来矣。今书累官河南行省参政，守制邑居，惧久失传，率我兄弟族人，刻石墓前。呜呼！吾族繁盛，肇自先生，先生一族之宗也；吾邑文学，启自先生，先生一邦之望也。可无石以图存乎？书既书所从，为之铭曰：

有江曰岷，有冈若横。我石既立，我文永存。后有过者，指而言曰：是为横冈先生。

封刑部主事黄公行状

公讳孟坚，字元甫，姓黄，世居遂宁安居河。河距城西南二舍，为邑名乡。乡有二黄，族支俱大，一为黄都宪鸣玉，一为公族。公先大父仲成、父允洪，世业耕读。公少志四方，许养庭下，出学潼川，因依妻族王氏托居占籍为久居之计，庆吊祭省，往还邑里，岁时不缺。日课子弟，读书训农为第一务。子郎伟少俊异，与亲友曰："吾祖世积德，昌大吾门，在此子邪？"遣入州庠，充弟子员，夙夜戒励，薪烛皆自为治，延良师友咨资讲学，缘是业日精专。弘治已酉，与某同领乡荐，上春官不利，循故事，由大学归省。尝与朋辈饮酒夜分，坐五鼓，呼而詈曰："汝以是自画邪？"促令治任北上。明年己未，伟举伦文叙榜进士二甲。辛酉，拜刑部浙江司主事。公每诏书，戒以清慎自将，毋懈职事，历三年。甲子考最天曹，敕封公如其官。公感上恩，益励伟勉力图报。岁乙丑，公作舆自遂宁迎父就养，逾三月，卒于州，还葬祖居。时值伟还省，丧仪备具，人咸异之。正德丁卯，伟由员外郎升山西按察司佥事，分巡宣府边关重镇，有甲兵戎马之寄。时刘瑾当权，搜罗边事，倍视腹里。公寄言曰："成败有命，汝勿因时俯仰，以废职守。"师大承命，益殚心力，卒脱虎口。庚午，转山西布政司右参议，循诏例，服色金紫，俱与子同。享年七十有一，以是年某月日，以疾卒于正寝。

公性孝友，抚二弟甚至，待族属有恩。族尝有无妄之诬，时二弟几不给，公毅然承之。凡费百不以累田庐，在籍者悉推与之。处戚里，推置心腹，接人无长幼，皆与以谦。有谗毁者，卒不与较。人有争竞，面斥是非，不少假借。素尚悃服，不事侈靡，比五十始重帛。官所尝贫，得彩丽，驰以奉公，惧无以示法子孙，辄令收藏，非公事不服。□□□古貌古心，郡县有司咸重之。

呜呼！寿□七旬，□□□□□□□□□□，公无愧其人欤！公生正统二年八月初十日，子男二：长即伟，次佲义官。女五：长适扬□，次适高嵩，次适王公宣，次适王公鼎，次适刘进士之子□□。孙男四：锦、鏵、镐、锐。孙女一：适射洪生员谢载。曾孙一，尚幼。将以某月日葬于州北某山。某与伟同邑同年，素知公悉，谨述生平履历之概，使台阁鸿儒、山林逸士为碑为志者，有所考焉。庶公之德，足以垂不朽也！

余安人行状

安人高氏，蜀遂宁县人。父应祥，仕长乐县尹，生五女，长安人。以贤慧柔巽见钟爱，长配余邦济先生，生子本实，字诚之，今任江西道监察御史。初，应祥无子，家事付安人。安人事之，寝食必问。及没哀毁尽礼，葬具悉已出，遗产罄归诸妹。性施舍。里有饥寒，周恤不吝。举贷不能偿者，每劝邦济公数焚其约。道路桥梁尤多资缮。每疫疠盛行，为药给应，乡人德之。有老牸生数犊病死，亲视埋瘗。父没之日，子本实会试未还，欲作佛事。乡大夫告以佛诳诱之说，安人感悟，即撤去佛事，终始悉遵家礼。百凡所行，大率皆然。

本实少颖[①]异，年十二即能属文，安人具酒食延师友，每陪灯火，中夜乃寝。比长成名，中成化癸卯举人，丁未榜进士，初拜鄱阳县令。安人贻言："愿作好官，显门户，吾世赀丰资，外非所图。"本实历任屡著异绩，当道上闻，旌封邦济官如子，高氏为安人。弘治癸丑，擢山西道监察御史，为大都宪屠公所重。随按云南，道其家，安人嘱曰："尝见御史至县，黜陟生死，仅以楮笔之

---

① 底本原作"颖"，误，后径改。

间。吾祖宗积德，至汝幸为此官。汝宜惜人前程，重人生命，无专事察刻，以种子孙之福。"本实缘是考核益慎，反友甚多。越明年，邦济翁病亟，思本实甚至，安人祝曰："吾夫妇平生济人，仅是一子，天若一灵，使吾儿得父一面，虽瞑目可矣。"甫十日，本实从云南卒至，事汤药二十六日而终，闻者为之骇异。俗例，死者逾年乃葬，本实欲循礼制，将以九月葬城北玉堂山麓，安人不牵俗例，慨然从之。服阕，本实欲乞终养，安人曰："吾且健，有孙有妇，足侍朝夕。汝去，为官家干好事，显亲扬①名，便是汝孝。汝若徒侍左右，虽日养三牲，于我何益？"本实不得已，北上任职，卓持风裁，中外有声，皆安人德厚而流光也。

安人生宣德甲辰，今年癸亥寿八十。某等与本实得幸同官，今际安人老福之日，登堂上寿。蜀道孔艰，用以所闻遂宁诸乡官，称颂安人行实，并目击本实履历之要，撮书大概，谨上太史匏庵先生，敢乞馆阁之文，用效冈陵之祝。倘赐挥洒，则余氏母子将托韶雅之音，遗响于千载下矣。谨状。

祭余举人朴夫文

呜呼！余子，吾无与言矣。子负隽才，七走礼闱，不获一第，竟卒万里燕京，众皆哭之。吾哭子者，不于兹焉。子志孤高，友人子学谓子脱凡远俗，有独立云霄之势，惜其志广才疏，不作生计，至遗群子女、一庶弟，婚嫁无资，抚成无倚，众皆哭之。吾哭子者，不宁是焉。子尝克念先御史柏崖先生，宦业未终，将为发幽潜，作祠像，遗金石，使知先生为一邑伟士，一时名臣，志愿未酬，此身先殒，此恨莫伸，众皆哭之。吾哭子者，岂独斯焉。子知文，不予言文，知予不专文也。子知诗，不予言诗，知予不善诗也。子尝言诗曰："诗如女妆，上者为古淡，下者为艳妖，二态虽殊，岂皆本来面目乎？今之独步一时者，要亦模仿形似，假借声言，求若发乎情，止乎礼义，关乎世教，率皆未也。"嗟乎！今言诗者能复几乎？吾之哭子，如斯已乎。孔子欲无言，后世求学于文义；子尝言之，予甚信。孔子从先进，后世求治于文为；吾尝告之，子深颔之。呜呼！吾无言不与吾子。子往矣！予近有觉一二，惜子之未闻也。予近有文一二，惜子之未见也。予方归元山，与吾

---

① 底本原作"扬"，误。

子求所未闻，竟所未至。子先我逝矣！予尝谓宇宙于人，前乎千万世之已往，后乎千万世之方来，计寻丈者万亿，人生其间，长者得尺，短者得寸，宇宙大观，岂以尺寸较哉？呜呼！昊天苍苍，大江茫茫，今辰何辰，子亦鉴吾言邪？

祭留耕杨先生文

呜呼！名盛孰居？位极孰当？惟弘任重，惟德流长。今蜀士皆言："岷峨孕秀，蜀谁发藏？曰惟三世，新都有杨。"天下士皆言："光岳储精，世谁独昌？曰惟三世，西蜀有杨。"其言曰："登仕籍者，未必获跻上寿；列朝贵者，未必董大邦；有子者，未必位登元相；有孙者，未必大魁多方。礼乐之司，非清才谁典太常？文场之士，非振古多就时尚，兰苗其谁挺挺，凤雏其谁跄跄？公之一门，并举兼囊。"盖尝拟之同姓，若关西四世，宣庙三杨；拟之同乡，若眉华苏范，阆汉陈张；又尝拟之通世，若洛阳之吕，衡阳之胡，三槐之王。兹数族者，欲获之先，恐未之尝。此时士仰重公门，父子兄弟科名籍籍，文物堂堂，推倒一世，而不能与争芳也。公所以属望于吾相，示范于诸郎，不以名位为贤，而以勋德为光，不以一时为极，而以千古为藏。故吾相早振金声，入侍玉堂。三朝元老，一代文章。位高心下，宠重忧惶。遭时多故，殚力维襄。护外调中，而宫府无间；潜移默运，而朝野皆忘。吾相欲慰公心，恐负公仰，隐隐郁郁，汲汲皇皇。犹以储星未耀，宫灾未禳，雨旸未若，方隅未康，寤寐伊周，坐食琦光。必欲举明主于古昔，置宗社于灵长，公目乃瞑，公志乃偿。此君子仰止，公门文章，相业巍然，当代之山斗，希世之麟凰也。公寿已极，公福已禳。峨峰雪拥，凤岭玉藏。哀讣上闻，都邑彷徨。吾相陛辞慰留之典，倦倦至再。老臣去国忧时之念，耿耿不忘。已而天使下蜀，制诏临丧，益山彩动，锦里辉扬。佳城巍峨，御碣炜煌。相心罔极，方切哀伤。帝念社稷，梦寐明良，授节中使，起赴中堂。公灵有知，必曰："家世蒙恩，天地无疆，无为我私，勉副吾皇。"吾相承召，则曰："身宜国许，君以道匡，一日去就，百代纲常。此公既没，君臣之际，以道相尚，照汉史而森芒也。某等兄弟，私淑门墙。莫补公德，谨持瓣香。呜呼！公凭虚兮帝乡，驾长车兮龙骧，餐玉液兮琼浆，服鹤氅兮云裳，仰天阊兮苍苍，俯地轴兮茫茫。公高在上兮我心莫将，公听如雷兮我言以飏。"

祭朴庵王先生文

呜呼！书年既冠，未事举业，夫子识我于乡塾之间，荐为邑学之士。既属以文，载授以经，日课月较。从是而窃名甲科者，夫子教也；从是而获后朝绅者，夫子教也；从是而知人之所以为者，夫子教也。微夫子，书将尘埋丘壑，与草木同腐壤耳。呜呼！生我者父母，成我者夫子，尚忍言乎？夫子性刚而气和，圆外而方中，获寿五十七年，登科二十余年，历官一十七年。去岁擢参汴藩，疏方上而复留。今春拟参东省，疏再上而是日卒。子郎以明日入试，不少待于旬余。书反复思之，岂夫子将留不尽之禄，以遗其子若孙邪？岂河嵩海岱之民不幸，而不蒙恺悌之休邪？岂天将大成乃郎之名，姑少屈以今岁邪？抑数者皆有命邪？夫子病笃，召书语曰："汝知予者，虽不能上拟古人，自检生平，大节无损，志状将属汝焉。"呜呼！尚忍言乎？夫子盖棺之日，朝大夫士皆为泣下，大约以官者惜其方升，以寿者惜其方艾，以乡土者惜其在燕京万里，蜀道千寻。呜呼！书所重惜者，夫子有爱国之忠，不能殚蕴于盛世；夫子有子民之志，不能布泽于一方。此其所大歉者，然书闻道不必亲行，言不必身试。书窃闻夫子之教有日矣，倘借夫子之灵，幸而获登廊庙，将以夫子之道昭于时；不幸而投志江湖，将以夫子之言流于后。呜呼！兹书所以报罔极矣。夫子乘大化之精，入无垠之门，横太穹，览下土，尚闻弟子之言乎？呜呼！尚忍言乎？

祭东川刘文简公文

呜呼！公，天下士也。书尝品公曰："纯诚类元城，忠实类司马文正，非书言也，天下人之言也。今天子龙兴，天下仰公入相，当如司马氏之盛，而大业未竟，岂天独公吝邪？士有幸不幸，元城之贤，岂在司马之下，中值不幸，事业若相什伯，而盖棺之日，天下贤元城者，不下司马，然则计功论道，岂少乎哉！呜呼！造化无全功，夫物则有然者，某于我公尚何憾哉！"

祭马夫人文

呜呼！家之宗阃，犹朝之元相也。朝有元老之臣，而后国有安危之寄；家无闺阃之累，而后官无殉委之难。今天下倚重于朝者，大冢宰相公一人也，我公倚重于家者，大夫人氏一人也。惟夫人处内而综理微密，逮下而小大咸宜，然后我公得以置身廊庙，收三朝之伟望，著一代之元勋，良非偶也。使或内政非人，家规无托，则公有内顾之牵，虽欲殚心王事，柱石家邦，岂能脱然无所系累邪？是夫人理于内者，靡徒有助于公，实大有补于时也。生隆一品之封，死重九重之典，非夫人而谁归？迩者东皇失令，春序隆寒，天人之际，或有在邪？兹将发举冀北，归窆洛南，朝士夫祖祭于都门外。呜呼！云散碧空兮，天翰炜煌；魂返中土兮，客泪□□；□□东注兮，哀声汤汤；嵩月笼烟兮，溟色茫茫。呜呼，悲夫！

祭地官吕国弼母宜人

呜呼！宜人从此仙游地下矣。某等虽未获登吕氏堂，持觥上寿，接宜人之淑颜，观我国弼举科第，擢郎官，启后光前，皆出慈闱之训，其贤可试知矣！今年，国弼累绩六年，天官书最，方将上天子，进阶大夫，诰旌梓里，宜人已不待矣。吾国弼之情事，将安伸乎？某等与国弼，或以同年，或以同寅，视宜人有若母吾，母之义，闻讣哀伤，将能已乎？酹酒燕京，东望海滨，春云惨兮冥冥，春雨凄兮淋淋，花落鸟啼兮嘤嘤，木断山空兮阴阴。呜呼，悲夫！

祭秦封君文

呜呼！先生嘲咏风月之情，慷慨麦舟之义，绯紫封锡之荣，某等所闻，素矣。去秋，公寿七十有六，子国声以地官大夫，奉诏南省，惟时朝荐绅友子之贤，仰公之德，送诸郊外，为诗者若干，为文者若干，轩骑拥于道路者若干，皆从而叹曰："秦翁荣庆如此，子国声贤孝如此，安得仕者之家，凡养生者，皆如秦氏之有幸邪？"逾年仲春，忽以讣至，朝士夫闻之，又从而叹曰："世凡亲老而未及省者几，归省而未及见者几，孰如国声者，承颜两月之余，永塞百年之愿，又安得仕者之家，凡送死者，皆如秦氏之无悔邪？"今国声北上，给文南归，将卜葬邑里。呜呼！先生盛德，吾不及见矣。他日有使吴江，遥见归山之下，风月沉沉，松梓阴阴。呜呼！此卑牧公之坟也，伤哉。

代作黄亚卿祭先茔文

呜呼！惟天作物，惟祖作孙，物同一气，孙本一人，故孝子之致爱也，感霜露而怆念；其仕于外也，望丘垄而惕心。念我黄氏，厥族孔殷，昔自武昌，卜迁遂宁，历世以七，衍我群孙，历年

百五，启某一人。初试花县，先君在庭，丁宁祖训，曰忠曰贞，叨
擢豸史，先君冈存，思光前烈，益慎益勤。帝伐鬼方，简命监军，
沿资外补，贰臬海滨，乃握绣斧，总宪河汾，乃奉玺书，抚镇榆
城。时在先朝，君子道亨，弹冠结绶，扬眉帝庭，比及近岁，士运
多迍，履虎撩蛇，窜身海滨，某赖先德，得免蹲坑，天日忽霁，大
正典刑，八铠并殄，大憝就平，台谏纠论，检黜庶臣。某守先训，
不陨厥声，爰副司徒，召入神京，班联八座，名次九卿。

呜呼！以孙推祖，百派千枝，始一人也。以祖视孙，衣锦食
禄，某一人也。名非偶致，福非虚生，顾某才何有于铢寸，实祖德
久积于幽冥。蜀道多艰，王事靡宁，祭扫久违，情事未伸，远致香
帛，展祭先茔。

呜呼！身寄天阙兮，故山层层；梦断锦里兮，松丘阴阴；望云
迢迢兮，我心如焚；临风怏怏兮，我泪如倾；一气可格兮，我祖我
孙；九原可作兮，匪幽匪冥。呜呼！

祭沐国公母夫人文

思维沐氏，肇于黔宁，开府一方，世食昆明。远及于某，为时
虎臣，繄谁毓之，曰惟夫人。熊丸有训，严于幼龄，却谷诗书，方
叔威名。玉帐分阃，铜柱耀兵，保此南土，不忝师贞。繄谁教之，
曰维夫人，天锡纯嘏，寿考无垠。胡数之奇，溘焉弃荣，帝念黔
国，麟阁元勋。赐祭赐葬，恤典载申，繄谁宠之，曰惟夫人。□□
祔葬，高皇覃恩，往窆钟山，□□霜零。灵车莫挽，冠盖倾城，临
岐踟蹰，有泪沾襟，絮酒短章，目断南云，繄谁哀之，曰维夫人。

祭李原化文

呜呼！天乎！胡夺吾原化之速乎！吾与原化，四十年道义友
也。予方将抗疏天阙，解组故山，予乡之人，老者不吾待，少者不
吾亲，而居相近，年相若，分义相契，惟原化一人也。思与原化定
盟结社，以老此生，原化舍我逝矣。今往事孰与谈乎？旧约孰与成
乎？北玉堂，南凤岭，孰与共登眺乎？胜如灵泉，幽如广利，孰与
共游咏乎？维时论学，专喜浮藻，而君固欲敦本也。今而后，孝弟
力田之行，孰倡之以厚俗乎？维时论治，专事刻核，而君固欲崇长
厚也。今而后，两汉循吏之政，孰为之以慰吾思乎？呜呼！世短心
长，谁可与语，途穷日暮，故人云亡。此予于原化之逝，不能不老

泪之横顾也。呜呼！天乎！胡夺吾原化之速乎！尚享！

祭柏溪陈献之先生文

正德癸酉三月十四日癸未，柏溪陈献之先生以疾卒于遂城新小东街之第。卒之日，贫无以给丧具，富者资以财，贫者资以力。远近闻者，莫不哀恸。于时，河南布政司参政席书，乃郎丈翁也，守制服阕，方将北上，亲视盖棺。越四日丁亥，崇肉载酒，为文以哭之曰："昔司马温公尝言：'吾平生所为，未尝有不可对人言者。'吾献之，历数平生，内处家庭，外交亲党，诚未有不可对人言也。赵清献公，昼之所为，夜必焚香告天。吾献之平生夙兴夜寐，屋漏不愧，诚未有不可告诸天也。若夫托卢扁之术以医名，假杨曾之说以地理名，此献之济人利物，欲人子安厝其亲之一节也。岂其终身所志者与？吾独惜夫献之二亲在堂，不克终养，一弟、三子、一女，尚未成立。子讲，方以今秋吐冲霄之霓，奋摩天之翼，发解全省，行贡大廷，条对万言，少遂显扬之志。不能数月待者，此何为与？天地间，性义可以勉而为，修短不可力而致。献之可能者，人也；不可能者，天也。呜呼！生者来也，人道之始也；死者归也，人道之终也。献之得全人道而归矣。尚何憾哉！尚飨！"

汉宫春·送仲宪副　有引

东楚旧家，西涯高第。襟怀跌宕，标格孤高。尚宝君，名重朝绅；内翰弟，文光郎署。在父子，真为三杰；论伯仲，诚是两难。筮仕刑曹，已擅平反之誉；两移郡佐，兼收抚牧之劳。寻以懋勋，擢宪佥于广右；继丁大故，改宪节于河南。春和不间殊方，霜斧不驰内地。台纲丕振，荐草交陈。迩者，西使告宪副之缺人，大宰以台臣之宜慎选，众而金言，允矣上最。而帝曰俞哉！土牛方送春来，丹凤早衔诏下。君子弹冠争庆，小人卧辙攀留。汴堤之柳方柔，洛阳之花未放。一鞭春色，函关便是潼关；匹马东风，嵩岳还观华岳。青紫功，端看此去；宇宙事，更属何人？良将名臣，伟绩多从关陕；周谟汉烈，断碑犹在长安。吊往踯于先人，大范何如小范；收令于今日，取庵端步邃庵。忍教皓首无闻，管取黑头入相。某等宦辱寅寮，情孚兄弟。扬盛德，愧无奇句；祝华愿，都付小词。词曰：

气逼河嵩，亘凛凛霜威，堂堂风节。如扛巨笔，长使万家冤雪。君王梦寐，念西方，还劳使辙。佩长剑，直入函关。感慨处，玉骢勒，翘首贺兰山北。

想当年，韩范万夫之特，看取青史功名，轰轰烈烈。隋堤雪，拥春犹寒，匆匆叙别。待还朝，歇马洛阳，调羹事，从头说。

青玉案·送宋宪长

名闻韶龀，秀夺幽燕。试吐胸中，压倒三千王国士；达观宇内，直穷百代圣人心。学必探乎先天后天，名不屑乎大宋小宋。动止由来严整，规模本自恢宏。刑官初授于南曹，宪职寻迁乎东鲁。累历秦关险阻，更尝蜀道艰难。宦游地角，尚矗矗以潜修；家近天庭，懒频频于贵幸。姤遇重阴之极，道伸久屈之余。去年总文教于洛乡，今岁握台章于汴省。华国文章，外翰争衡内翰；逼人风采，外台更烈中台。矧汴当九上之中，适惟百废之际。大材试于多事，利器别于盘根。元渠赫赫，愿借尚方；台纪莠莠，宜修祖宪。范文正忧乐关时之念，陆宣公上下不负之心，畴昔蕴诸襟怀，今幸达诸行事。伊洛之文声丕振，嵩行之肃气弥高。行看敷舜绩于九重，会见作商霖于四海。某等幸逢盛举，获侍同寅。敢陈庸陋之词，用写衷曲之愿。词曰：

桑麻失润河流徙，堪怜雨露偏桃李。帝询中土凭谁理？一夜东风，六衢人看，宋使君来矣。

使君有剑嵩山倚，整台纲，端自豺狼起。白屋疮痍次第洗。调元补衮，更上岩廊，也须从这里。

汉宫春·送秦县博

簪缨世胄，关陕名家。奉贡春官，擅才华于时辈；拜恩天府，领教铎于射城。于时宪臣，访寻属省。地似苏湖者，非吾遂莫匹；教如安定者，舍吾子而谁？倾乃心以副群情，进诸子以申往训。古之学者为己，今之学者为人。教在孔门，衣钵惟忠惟孝；道流伊洛，渊源曰敬曰诚。桃李春浓，再遇和风。数月鱼龙浪暖，更添时雨一番。时值寇至武城，不拟官同曾子。割城守，独当一面；躬甲胄，属望千人。贾傅才高，忍使剑埋尘内；毛生志壮，已看颖脱囊中。古称西都良材，今见北门锁钥。屈牛刀于小试，别利器于盘根。文章方仰指南，马首那堪望北。某等寮寀情深，师生谊重。望尘追饯，拥冠盖于江干；挽辙攀留，走苍黔于道左。感成短调，用写离襟。词曰：

驻马龙冈，见百里如铺，一城似斗。满川郁李，含春浓桃酿酒。浪花滚滚，有蛟鱼，昂头露手。端的要，赛锦昂霄，待个消息来否。

忽见天遣神君，带云雨一番，催成气候。管取龙宫上苑，只在高秋。奈云驭风车，却又向，射江翘首。恐此去，朝天有日，且尽山醪一卣。

好事近·送张参政

山阴故家，介阳名士。词藻近师白下，文源远祖河汾。孝友素重于乡邦，名氏早收于天府。试西曹而狱多平反，守巴郡而政著循良。既秉宪节于蜀台，复参藩政于蜀省。最难控者松潘，公出而若无若有；最易句者□地，公入而益畏益勤。迨释内艰，再参南贵。宣恩威于万里，总会计于一心。甲士于橐于囊，远人载歌载舞。圣皇继统，政理重新。谓贵竹非鸾凤之所栖，湘江乃鹍鹏之所快。以小易大，出谷迁乔。意迟迟而难忘，风飘飘而莫挽。喜脱频年之险阻，拭观此后之峥嵘。历贵南更历湖南，参外省还参中省。图治宅安，愿子往瞻长沙傅；先忧后乐，请君还眺岳阳楼。此丈夫之奇遭，实吾人之壮志。某等结骨肉于异姓，忍分袂于遐方。虽坚丈夫之肠，难敛西风之泪。既酌以酒，载歌以词。词曰：

最愁是，木落城荒，更金风飙飙。那堪陌上王孙，能止青衫湿。

曾听说，吴楚东南，去扶桑咫尺。准拟江梅先放，早寄与消息。

锦堂春·送范大尹

贵南名士，滇北儒流。髫龀目为奇童，闾里呼为小范。蹑云衢于弱冠，谒凤阙于青龄。官试已高，囊脱毛公之颖，名驰蜀帅，幕藏张子之筹。遐想昔人，有怀今哲。文正公之家法尚在，希文固已为文，见素老之衣钵相传，希素谁云非素？杞梓当收于大厦，骅骝可困于盐车。时我遂宁，久思贤令。黄司空备询乎朝绅，杨太宰名疏乎天曹。先声而雷动风闻，下车而云腾雨布。首逐噬人之虎，随扫蠹国之虫。庙学际兵燹之余，巍巍再造；邮馆当棘莽之后，色色重新。造舟作梁，欲人共惠；筑城凿沼，与国同休。给事文举场，光逼牛斗；奏捷武英殿，喜动龙颜。封域跨三巴之雄，谁非贤宰；邑士夺全蜀之解，抑孰为功？于时马中丞抚镇三川，江柱史分巡一道。询臬使，曰惟第一；访藩臣，谓属无双。将论荐而同升诸公，先遣使而敦崇以礼。币欲百工知劝，酒为庶民端斗。市里翁孙，快睹旌旗之美；闾阎妇子，忻闻金鼓之声。况当大观之时，际此旌贤之典。功曹上绩，帝简储衷。宴赐彤墀，春到九天敷雨；奏衔白简，年来六月飞霜。须知士有志而竟成，可谓言无征而不信。某等叨列同寅，忻逢盛举。端知好事近，齐和锦堂春。词曰：

玉露滴浓，菊翠金风，吹转棠阴秋清。庭静无余事，闲步听鸣琴。

昨夜郎星上映，今辰使节遥临。君王留意搜台史，特地报佳音。

谒金门·送范大尹朝觐

洪惟国家开基亿万年，皇帝改元十一载。当太平熙洽之运，适天下会朝之期。拱辰极者一心，执玉帛者万国。虞周之礼未坠，黜陟之典攸存。惟我遂宁，乃蜀巨县；惟我范尹，乃遂贤侯。未三载而政通人和，偕百官以率职修觐。束装出郭，仗剑登程。一叶扁舟，才看巴峡出巫峡；半挑行李，便下襄阳过洛阳。既济河而斋心，将入畿而问禁。黄旗紫盖，瞻魏阙于云端；日表龙姿，近天颜于咫尺。乃持制册，以达职司；乃下三曹，以察殿最。图邑封而地表千里，献民数而黎庶万头。考职则六事孔修，询实则百度皆举。台臣荐德，曰清曰慎曰勤，臬使论才，惟允惟明惟断。绩考居于上上，政实出于人人。宴赐彤墀，举汉主褒贤之典；衣颁玄衮，仿周诗采菽之章。天子特处之中台，太宰□储之□□。春来武信，御香犹带锦衣归；秋到长安，霜斧看随骢马去。策名当此日，壮志在斯行。某等莫挽侯旌，同追江浒。酌别酒未阑，更酌一盏；唱阳关不尽，更唱一词，词曰：

玉天轴，急泛潮宗江渎。壮志胸中凝万斛，看盟津王屋。

君才冠群牧，喜近天颜穆穆。骢马归来春草绿，闾阎齐拭目。

喜名重·送朱宪长

文翰炜煌，那更碧底河湟，摩天嵩狱。中土贵游，争看秋空横鹗。最怕霜时，谳狱关心，无路求生，谩劳笔阁。尽道是欧家父子，而今再作。到处福星，融爤喜名重。

君王丹书，特遣台章握。驿使奔忙，闾阎踊跃。又恐大觐留中，无计挽公归洛。治狱阴功，更庆流磅礴。已见麟儿炯炯，从天送。却试问，门闾高大也莫。

望湘人·送丁大尹

叹遂山巉嵲，涪水清涟，桃李桑麻相半。试问此中，阿谁主典，湘楚佳人来晚。天公有眼，念恤穷阎，都教无癖。更晴明，眺赏江楼，细听弦歌一段。

春光浓暖，奈星乌旋，秋早令迁转。到惹得，童叟千家，愁肠难遣。黄叶飘摇，金风惨淡，极目潇湘人远。只恐锦江春复来，还拟上林游伴。

千秋岁·送杨邃庵七十生日

千秋岁记得髫时，人都道，压倒文场百辈。逮登朝，出总三边，胡马至今长避。入秉钧衡，收拾遗才，共济川楫柂。将相双兼，端的五百年名世。

归来忽早，七旬静看龙江，往事真如逝。更喜见，天使频来，问经邦大计。桃李门墙，会睹长庚，争呈佳制。小子无能，焚香敬调千秋岁。

卷之三　奏议

端本澄源公考察以下惬人心上弭天变疏

臣窃闻，自古御灾之道，人君则修行检身，大臣则引咎去位，然后溥察百僚，修举庶政。未闻灾出一方，止罪本方之官，舍本源以逐末流者。近岁，云南景东卫云迷雾惨，昼晦八日，陶孟等处各有地震、雷火等灾，自古少闻之变。皇天后土，昭示非常，正欲我皇上励精图治，永保社稷仁爱之心至矣尽矣。近该巡视云贵南京刑部左侍郎兼都察院左佥都御史樊莹，奏要黜退贵州一省参政等官三百余员，意谓致此灾者，乃云贵官员不职所感召也。臣窃以为此等灾异，系朝廷而不系云贵，系天下而不系一方，在近政而不在远政，在大臣而不在小臣。谨按《春秋》梁山崩不书晋者，为天下记异也。《宋史》载真宗时，彗出，应在齐鲁，帝曰："朕以天下为忧，岂直一方耶？"诏求直言，减膳避殿，而彗灭。推古证今，云南灾异，不专一方，可知矣。今夫天地之气，譬如人之一身，平昔摄调有道，元气无亏，而后四肢百骸，血脉无滞，痈毒不作，若居常之时，寒暑失调，饮食失度，情欲失节，则元气内损，血脉不固，痈疽拥肿之作，或发于胸，或发于背，或发于手足，未有不由积气而致者。今天下京师，其人首也，兖、豫、荆、徐，其胸腹也，青、齐、河、陕，其人手也，川、广、云、贵，其人足也。手足疾作，补其气血，理其荣卫，则内气壮盛，余毒自消。苟委诸手足，自致药石，针砭专攻乎受毒之所，窃恐病根未拔，传入心腹，殆有不能救矣。云南昼晦等灾，正犹手足毒疾之作，实由积气所致，今议弭灾修政，专治云贵灾作处所、僻远官属，岂非舍血气之源本，专治手足之末流欤？且天子以四海为一家，以中国为一身，云贵虽远，疾痛疴痒，未有不切于皇上之气脉者，岂可置云贵于身外，谓非内气之所感欤？夫天下以军民为根本，军民以财力为气脉，财力足则生养遂，生养遂则人心和，人心和而天变自息于四方矣。

近年，诸边重镇，寇患不止，腹里地方，水旱相仍，县官疲于征敛，小民困于征求，蚕不得衣，耕不得食，旧债未偿，新债复继，有鬻男以输官者，有出产而无贸者，民穷财尽，未有甚于此时也。虽蠲其常租，减其常税，犹惧无以纾民力，苏民困，况赋役愈增于昔时者乎？今光禄寺诸监局，供应进用等物，加数倍于先年，冗食官员积至数千，投充匠校动弥数万，修斋设醮，年无虚月，僧道聚食无纪，寺观营造无停，苏浙织造频繁，近臣赏赐逾度，加以皇亲之家侵夺军民田土，网罗内外市利，大小内官，凡系内外军马、钱粮衙门，日渐加添，比之祖宗时，又不知增至几倍矣。大狱据招词而不敢辩，刑官知冤枉而不能更，大臣以直道在闲者，未蒙起用，各官以言事被谪者，未经原复，文官传奉者有之，武官不由兵部者有之，杂流僭滥名器者有之，凡皆虚糜太仓之粟，剥削百姓之财，有乖政体，有伤和气，致灾之由，率缘此者。修政弭灾，孰有急于此哉？近见各处奏报灾异，皇上累下宽恤之诏，尚书马文昇等奏请减派恤民，皇上节有减宽之旨，天地好生之心，可谓至矣。然而宦戚恣横如故，库局告乏如常，使陛下徒有好生之心，民财民力日益耗瘁者，法坏而不张，故也。法者，祖宗之法，垂百世以永守者也。天子不能自任其法，分九卿以各守其法。设有如臣前言罔利殃民有关诸衙门等事，使为大臣者，不惜爵宠，不避权势，各司所掌，各任所托，坚守祖宗之成宪，一不允至再，再不允至三，三不允恳乞去位。陛下必曰："此大臣，何为而去也？"必深察而感悟其非矣。大臣或失其法，使居言路者，不惧乖忤，不避迁谪，极言事情之利害，一不听至再，再不听至三，三不听而恳乞外补。陛下必曰："此言官，胡为而去也？"必感悟而深纳其言矣。《传》曰："有官守者，不得其职则去；有言责者，不得其言则去。"非以去而忘君而洁身，正欲人君征发而悔悟也。

今为大臣者，遇坏法之事，未尝不执，然一具奏不允，则曰："吾职尽矣，无如朝廷之不允也。"况承顺左右，谩无执守者，且有乎，今为科道者，见坏法之事，未尝不言，然一进言不听，则曰："吾已言矣，无如朝廷之不纳也。"况缄默终身，谩无一言者且多乎？欲固一身之爵宠，忍坏公家之大法，臣以为朝廷无负于大臣，大臣有负于朝廷也。语曰："危而不持，颠而不扶，则将焉用彼相矣。"虎兕出于柙，龟玉毁于椟中，是谁之过欤？故使陛下仁恩不敷于天下者左右之壅蔽也，使陛下不知左右之壅蔽者，大臣与言官之责也。如近日朝廷有延寿塔之作，诸大臣极力以正之，科道交章以言之，陛下俯纳群谏，停止工役，中外臣民，焚香作庆，盖由百执事救正甚力，言论甚详，陛下知之甚明，故断之甚决也。使凡朝廷欲举一事，兴一役，大小臣工皆能竭力匡救有如此者，陛下岂有言不听，谏不行哉？又如近日商人朱达、杜成、周洪等，投认

皇亲家人，奏买淮庐引盐，户部虽经执奏，科道亦尝进言，未蒙陛
下采纳者，盖任法者不能三四执奏，司言路者不能三四力言，故
也。使陛下真知商人名虽买补，其实亏损百万边储，陛下岂肯徇贵
戚之私，致坏祖宗之大法哉！中外人皆曰："方今上有尧舜之君，
惜下无皋夔之臣，故使陛下禀尧舜之资，斯民不被尧舜之泽者，诸
大臣之过也。使陛下享承平之世，不能率祖宗之旧章者，诸大臣之
过也。使陛下不能烛左右之奸，知闾阎之苦者，诸大臣之过也。"
及政事乖悖，阴阳愆伏，天地不和之气，偶泄于云南，当国大臣，
何以逭其咎哉？考古大臣，有任国家以霖雨恒阴，谢罪求去者；以
为相无所建明，以地震而被劾免者；有枢密使奸邪，以无云而震而
论奏免者。今云南灾异迭出，当路大臣素以贤名者，当引罪求退；
素无称闻者，当论劾免官。今贤者不知自陈，不贤者未经劾免，而
司风纪者亦不闻举奏大奸大贪，以答天谴。乃议请大臣前去云贵，
考察贤否，欲移大灾大异以远方官属当之，此何为邪？汉顺帝遣八
使，分行天下，表劾忠污，御史张纲埋轮于洛阳都亭，曰："豺狼
当道，安问狐狸？"劾奏大将军梁冀、河南尹不疑，以外戚蒙恩，
肆贪恣横，残害忠良，谨条无君之心十五事，帝知纲忠、不能用，
至今惜之。侍郎樊莹，受风宪职，巡察奸污，使能卓持风裁，劾奏
宦戚不法者数人，大臣失法者数人，云贵不必远巡，山川不必告
祭，而灾异自弭矣。今大贪尚肆，而大臣引退者不闻一人；贵州偏
藩，考退官员乃至三百余员；云南一省，又不知退几百人。以此而
期弭灾变，此又何为者邪？臣又窃有论者，云贵二藩，僻居万里，
苗蛮杂处，斗杀相寻，士不愿生其地，官不愿宦其所。官于此者，
有妻孥不能给赡，有穷乏不能还乡。今退官员，幕职仓官有焉，巡
检驿丞有焉。是数官者，以虐暴不能淫刑，以贪饕不能卖贿，以此
区区小官，用当赫赫大变，臣愚不知所以也。今察云南以灾出本处
故也，若以灾拘地方，则贵州原无灾异，官之被察也，何谓□□罪
由米鲁，则云南初非所部天之降灾也，何缘？若曰二处相邻，则四
川亦在接境，因此加彼，延西迤东，臣愚不知所以也。以去岁言
之，湖广、江浙诸处或地震，军民房屋或风汲人畜生命，或雷雹殊
常，或流火迭见，或猛虎在处伤人，或山蛟同日出地，淮阳、应天
等处，流移载道，饿殍填途，灾异之甚，又不减于云南。今议者，
独察云贵二处，不及各处官员，岂云贵多贪墨之吏，各处皆廉白之
人？臣愚不知所以也。前此数年，有星如轮，殒于山东禹城县，结

石数块。近年有物黑黍者，雨于四川忠州，议者不罪禹城、忠州官者，以事关国家，非缘州县故也。云南灾异，大类此者。在彼则原其无辜，在此则谓其有罪。臣愚，又不知所以也。臣又闻，唐陆贽曰："凡今在位，任大者其责重，职近者其罪深。"近年大臣据高爵而不仰图负托，妨贤路而不引用正人，糜禄恋宠，自为富贵计得矣。其于国家计，何哉！夫士有廉退之节，而后国有死义之臣，今大臣廉退者甚少，顾恋者皆然。平昔如此，幸赖圣天子太平之福，祖宗亿万年无疆之休，故得窃禄偷安矣。设一旦有事，为陛下寄安危者谁？为陛下担忠孝者谁？臣不能不为虑也。况调和元化，燮理阴阳，乃大臣辅相之职。今阴阳失度，昼夜无分，而廊庙元臣岁极崇爵之宠，远藩庶职独遭黜贬之愆，天禄归己，天祸加人，臣恐人议未一，人心未惬，天道有知，灾异殆有甚者。即今南省无食，北地无雨，德宜溥布，法慎偏施，臣昨闻侍郎樊莹所奏，不觉心思失平。近得朝报，节该吏部奏奉钦依，既令斟酌去留，复令查实来看。伏读明诏，臣有以见陛下仁同一视，明照万里，出于寻常千万也。伏惟陛下益隆天地之德，益溥日月之明，乞敕吏部再行议处，或欲综核名实，感格天意。先自两京文武大臣，下至科道部属等官，应自陈者自陈，应考察者考退，然后分遣大臣于各省府，考其贪酷之甚者，与同云贵，照例罢黜，以一人议，以惬人心。或以即今外官朝觐之日在迩，京官考察之年亦迫，乞诏百官改图既往，思补将来。今云贵被考有名官员，待今冬会朝考察之时，应黜退者，与各省官员一体黜退，应存留者，与各省官员一体存留。荡荡平平，无偏无倚，此天地气象、帝王规模，我皇上奉三无私之心也。仍乞陛下思天道示灾之可畏，念祖宗旧法之当遵，任大臣为心腹，使得各职所掌，任言官为耳目，使各馨所见。大臣不能执法者，听科道官劾奏；言官不能极言者，吏部以不称外除。仍查户部近年会计，节财裕民事件。近日，兵部尚书刘大夏等奏议救荒弭盗，以安地方事宜，俱乞允赐施行，诸监库供用之物，并各衙门太监等官，乞下各官会议物料，以某年为例，永为遵守。太监等官，系某年以后添差者，俱各取回。冗食官匠等人，查系祖宗时所无者，一切裁革。皇亲贵戚，制以礼义，谕以祸福，使得长保富贵，共享升平。大狱冤抑者，许其声辨，无拘原送、招词。绝往时传奉官员，止寺观无益营造。致仕大臣如尚书周经、侍郎许进等，曾经科道诸人举荐者，下有司起用。言官被责者，下吏部查升，与凡蠹政殃民、大政当兴、大害当祛者，悉令有司条奏，断以大义，振以乾纲，无牵制于左右，无惑听于群言。再乞皇上时召大臣，延入便殿，讲当今政务，问民间疾苦。日御经筵之外，暇即观涉书史，求帝王致治之要，鉴古今成败之迹，节用爱人，以汉文帝、宋仁宗为法；奉道事佛，以梁武帝、宋徽宗为戒；则国用自省，国度自张，民财自定，民生自安。如此，而大仓之粟无尘，内帑之财无腐。臣未喻也，如此而颂声不作，廉节不砺，内纲不振，边境不威。臣未喻也，如此而天心不感，天变不回，和气不臻，嘉祥不至。臣未喻也，臣叨食民曹，备员省署，祸福悬于左右，荣辱系在公卿，不知自爱，辄敢直言无讳者，自幸生际圣明，惭无报称，偶目击时事，一念忧爱之诚，欲已而不能已也。伏惟陛下大彰天听，俯察愚衷，则祖宗之社稷幸甚，天下之苍生幸甚。臣冒铁钺，无憾矣。

乞恩宽限省亲以图补报疏

臣原籍四川潼川州遂宁县人，中弘治三年进士。本年五月，奉例放还依亲。弘治五年正月初三日，依文启程赴部。四月十九日，除授山东兖州府郯城县知县，节该抚按衙门奏保旌异。钦蒙圣恩，封父席祖宪郯城县知县，母吴氏孺人。弘治十一年，行取到部。四月二十四日，升授工部都水清吏司主事，管清江提举司三年有零。弘治十四年七月二十一日，改除户部山东清吏司主事。弘治十八年二月二十三日，升授本部河南清吏司员外郎。四月初一日，升河南按察司佥事。臣蚤岁贫弱，强由学校，父耕田以代馂，母亲织以御寒，始得肆力文学，叨取科第，效用明时。自授职十余年来，幸赖严慈，具获荣庆，每欲托差便省，无如蜀道甚难，继欲请命归宁，复以年资未逮。去岁，臣满部职六年，幸在京官通例，时值房患方殷，边储莫继，臣适被命，未敢乞宁。今岁夏初，臣方具情上请，不意误蒙圣恩升任今职，切念臣由知县以历宪司，自壬子迄于乙丑，糜禄一十三年，功无寸补，违养一十四载，罪与日增。命下之日，既揣蒙恩之有愧，又思乞省之无由，感慕交横，身情莫措。臣欲西出关汉，抵家问省，然后之任，缘铨部文凭有限，法司枉道有律。臣情虽迫，未敢轻冒。臣欲遵照限期，即赴汴省供职。缘臣父母俱近七旬，桑榆有限，一经莅任，擅难离职，见亲之日难卜，终天之恨不免。臣言及此，实切痛心。臣闻，从古树业储勋之士，输忠抱节之臣，未有不自孝门而出者，若乃忘亲于家，显忠于国，臣虽极陋，实所未闻，使臣忍弃亲慈，径趋官邸，求积俸月，希免过名。父子之恩既薄，君臣之义安有？虽庭无滞讼，公有宿储，其余不足观已。古者三年不省亲者，罢黜。如臣者，不止罢黜而已。若今而后，尚复不归蜀之人，将有指臣言曰："此十余年未归宁之子也。"汴之人，亦有指臣言曰："此十余年未趋家之官也。"在乡无以励风俗，在官无以裨治化，国家何故，尚赖若人？臣所乞贷者，不过四五月期限而已。以臣曾供十数年之任，求假四五月之期，在公日多，便私日少，于政无损，于理似安，臣之愚情，亦可察已。设以法例难屈，必欲强臣趋任，臣定省久违于膝下，神情已逐于亲傍。从是臣有病狂而已，臣有颠踬痴聋而已，安能策力撼忠，肃庶职，贞百度哉！臣之罪逆，日益重矣！况遇皇上继承大统之初，仁孝方切于宸衷，恩典溥加于海宇，如臣愚恳，实在优容。伏望俯察臣情，允俞臣请，伸人子念亲之心，广移孝为忠之道。如蒙乞敕吏部查臣历官月日，宽臣到任凭限，容令速抵家庭，见亲颜，面慰数载倚闾之望，尽一朝菽水之欢，即图星夜赴任，干办职业，则臣身情无累，举措无艰，而图报之心，益无已矣。臣仰叩天恩，不胜瞻望之至。

地方紧急大变疏

正德十四年七月初三日，据江西饶州府安仁县申称，本年六月十五日，江西宁府掠取官民船七百余号，装载人马无数，不知向往，及杀害孙都堂等官等情。本月初五日，又据广信府弋阳、铅山二县各申相同，准此。臣等闻变，惊惶莫知所措，当即会同巡按、监察御史周鹓、清军御史周震、本司右布政使等官华昶等、都指挥使司都指挥佥事等官王辅等、按察司按察使等官卢宅仁等计议，得：福建地方僻，在江浙之东南，凭山负海，天造地设。方中原有事，万夫临关，百夫可拒。随就会行各该军卫有司，整集士卒，拣选壮勇，推举将领，屯据各关，一面和辑民人保疆守土，一面延聘儒臣设科取士，仍谕大小文武职臣，夙夜戒严，不敢少息。臣等切念，衣人之衣者，当分人之忧；食人之食者，当死人之事。臣等夙将帝命，叨寄藩维，不虞邻封值此大变。若或天诱彼衷，退居藩国，束手请罪，待死阙庭，臣等与地方军民相安无事，不胜歆庆；万一稔恶弗悟敢犯无将，殆指斥于乘舆，自背逆于皇祖，则推刃同气。在成周，有管、蔡之诛，大义灭亲；在近年有宸濠之戮。况臣等誓不共戴，法得共诛，彼若上伺燕京，愿附颜平原讨贼之义，抑或下窥闽土，愿效张睢阳拒守之忠。但念北辰之远，不无南顾之忧，谨陈一统之人心，仰纾九重之侧席，伏望大奋乾刚，丕宣雷怒，早下必征之诏，毋惑于左右之浮言，奄收必胜之功，大泄神人之积愤，臣无任瞻望之至。

谢恩疏

正德十六年七月十二日，准吏部咨，为缺官事，内开湖广巡抚缺员，会本具题，奉圣旨，席书升都察院右副都御史，巡抚湖广地方，兼赞理军务，写敕与他，着上紧去。钦此。钦遵。备开到臣，本年八月十二日钦奉敕谕，今命尔巡抚湖广，兼赞理军务，钦此。钦遵。除望阙谢恩于本月二十三日到湖广行院管事外，切念臣蚤储学校，叨中甲科，仰荷列圣之殊恩，累历外员之极品，方惭瘝职，尝乞归田。兹逢尧舜应五百年之期，以具臣充十二牧之任，民惟邦本，抚安可付庸人？兵布国威，赞理须资长子。况荆鄂重镇，南北要枢，古英雄虎斗之墟，今天子龙飞之地，山川增胜，黎庶已非，征敛横施，而闾阎尽耗，赋额日匮，而宗室缺供，是皆圣目之所素经，亦帝心之尝忙念，顾兹重寄，臣实莫胜。但逢斯世为唐虞之世，敢不泽吾民为尧舜之民？自分策蹇鞭顽，尚期攀鳞附翼，勉事于赈穷养老，励志乎偃武修文，黔首苍头，期为保障方城，汉水可曰金汤。民未获而时臣之辜，边有警而伊谁之咎？臣感恩无量，图报难名，拟云梦而等衡山，竭穷帝德；倾湘竹而倒湖水，莫写臣心。尚愿万国梯航，江汉永宗于渤海；两阶干羽，有苗长格于虞廷。臣无任汗惶，不胜感恩图报之至。

申明诏典以充国计以晓民心疏

臣伏读正德十六年四月二十二日诏书，内一款：正德十五年十二月以前，各处税粮马草农桑等项银两，一应岁办□派奏派，但系该纳官钱粮物料，拖欠未征者，尽数蠲免，以苏民困。已征在官，该起解者，照旧起解，准作本户以后年分该纳之数，钦此。钦遵。臣愚，仰读诏文，昭明如日月，浑沦如天地，昭明处人各易见，浑沦处人多未知，其曰："正德十五年以前拖欠未征者，尽数蠲免。"嘉靖元年以十分为率，俱免五分，所谓："昭明之处，人易见矣。"其曰："准作以后年分该纳之数。"所谓："浑

沦之处，人未知也。"臣窃窥圣意，盖曰："拖欠未征者，尽数
蠲免。"其曰："拖欠，中间有已征在州在县，未解仓者，照旧
解仓，准作本户已后年分该纳之数，非谓将已解在仓，取有关单
者。已兑在船，漕运到京者，皆准十六年分该纳粮数，此明诏之本
意也。"民愚不知，皆谓恩例将十五年兑军存留已纳过者，都准
十六年分，其十六年分该纳税粮，尽停免矣。各民又言："十五年
以前，蠲免拖欠；嘉靖元年，蠲免五分；十六年分，尽数全免。"
臣不以民言为信，问诸各县，各县如民之言，问诸各府，各府如县
之言；质之二司，方以该征为是，随谓该征可疑。及访江西，江西
疑虑未决。再访浙江，浙江疑虑皆同。臣愚，独曰：此主拖欠而
言，所谓在官者，或寄收在库也，或揽收在人也，非在仓也。且明
诏所谓"以前"二字，所该者广，不止十五一年，凡十四、十三、
十二等年皆以前之年也，若依民言，则凡十四、十三、十二等年，
凡纳过者，岂止可准十六年？虽嘉靖元年二年，皆可准矣。愈推愈
滞，愈论愈塞，此臣不以人言为信，独以拖欠而言，则名正言顺，
而事成也。奈臣一人之见，不足以破千万人之疑。即今冬月已半，
秋粮未征，省仓无积，边廪全虚，各军告缺月粮，各府告缺禄米，
官吏告缺俸给，甚至各边班军，待哺数月，束手无措。设或十六年
秋粮，果如人言，尽数停免，甚而边食不及，则班军必审；班军既
散，则苗蛮乘隙而入，祸不可言。若谓秋粮免征，补给银两，总计
湖广一省，各王府郡王、将军、中尉各位下禄米，五十九卫所官军
月粮，一十四府、一百二十八州县官吏师生俸廪，该用银四十五万
余两，方勾补给。一省用银如此，通计各省各边，须得数百万两，
虽倾内帑之财，岂足以供各省各边之用？今筹本省库贮，见在解京
大木等银，大约不出一十二万两，臣尝窃计此银将欲奏请补给。嘉
靖元年，蠲免五分之用，才及三分之一，况于十六年分，若欲补银
四十五万两，此等银两，从何而来？所谓博施济众，尧舜其犹病
诸，盖以此也。夫国以兵为卫，兵以食为资，一日无食，骨肉无
情，况军士乎？设今计虑不早，催办失时，及至事势危急，方才处
食给兵，虽理财如刘晏，治边如韩琦，断乎其难能矣。臣决知势既
不顺，事实难行，已于本年十月初旬，刊给告示，通谕官民，趁时
追征，以充岁用，奈何闾阎小民，面从背议，万姓不能一心，臣欲
下顺民情，又恐上误国计。语曰："出纳之吝，谓之有司。"臣一
方之大有司也，岁用若干，合当预计，计用不足，合当预言。今总

箕湖广原额秋粮二百三万石，今查十五年前完获关单者一百五十余万，拖欠已征在官未解仓者，大约五十万有零，以此五十万石，准免十六年分，各该纳之数其已完，不该准免一百五十余万，合当追征，以此计之，十六年分得免四分之一，百姓感戴宽恤之仁，已出望外矣。其该征一百五十余万，除兑军二十五万石，尚得一百五十余万，供给本省。中间或少数万，借凑补给，尚能支持，臣言如果仰合圣意，默契圣心，乞敕户部申明诏典，通行天下，晓谕官民，使知十六年分除上年拖欠已征在官未到仓者准免；今年外其余已完结者，不在准免之例。惟复庙堂之上，别有经济远图，非有司之能预知，亦乞早为定夺，上有指归，下有法守，民无观望，官无他疑，国计无亏，大事可无误矣。

处置庄田以广帝德以阜帝乡军民疏

臣于正德十六年十一月内，出巡安陆，恭谒兴献帝陵寝，览江汉之朝宗，睹山川之神异，虽飞龙已升于天际，而王气犹霭于云端，乃知太祖起自淮阴，今上发从郢上，帝王信有真也。臣观风问俗之暇，询知兴献帝之国之日，原有庄田三十余处，应征子粒，臣不知其的数，大概每年该折色租银陆万有畸，今岁租银已蒙征解讫，臣以为有一国者，食租于一方；有天下者，食租于四海。陛下德为圣人，尊为天子，富有四海之内。凡海内之田，皆陛下之庄田；海内之户，皆陛下之租户；海内有司，皆陛下守庄之臣也。由此言之，安陆庄田宜付有司，不宜别委近臣，自为理也。陛下临御之初，万几未暇，租田细事未及分处。臣抚理一方，乃陛下总庄之臣，处理庄田，乃臣职也，亦臣事也，谨将处置庄田三事，条具上陈，如蒙乞敕户部议请上裁，如臣言可采，乞付有司施行，则帝德广运如天，帝乡赤子感荷天恩，岂胜幸甚。计开：

一、安陆州庄田租银，设或征解赴京。将收积宫邸，似非王者之体；将收贮太仓，而户部自有赋额。臣以为，宜将租田额数文册，发付该州，比照先年额税，减去三分之一，重造文册，每年州官一员，本色折色，中半兼收，专以供应陵寝守卫官军，及修理等项应用。岁有剩余，然后支放安陆州卫官军俸粮，其租田人户编入本州，从轻应当民差，庶乎应用不缺，而国体存矣。

一、近奉诏书，正德十五年十二月以前，一应钱粮拖欠未征者，尽数蠲免；嘉靖元年，除兑军外，一应起存税粮，俱免五分，而各府租田不在其例。臣以为本府租田似与各王府不同，近日本土军民幸见陛下龙飞，不胜鼓舞，而扈跸从北及慈圣出境，本土军民亦尝趋事效劳，如蒙乞照诏书事例，将正德十六年以前拖欠租课尽数蠲免，嘉靖元年，照例亦免五分，则一方有幸，万姓蒙休矣。

一、近据安陆州卫军民彭涣、陈友仁等各诉，称先兴献帝之国之日，涣等军民愚昧，听人诱言，将本色屯田民地，献入本府，意欲脱免军民子粒秋粮，不料入府之后，既纳租银，本等子粒秋粮仍于州卫重复上纳。臣备询本土，委有此情。如蒙乞将此等屯田、民地，行守巡查出，给付军民，完纳本等子粒秋粮，则重并可免，军民可苏矣。

举用有用老臣以图治安疏

臣闻孔子论治，有曰："仲叔圉治宾客，祝鮀治宗庙，王孙贾治军旅。"此三言者，所以告万世帝王治世之道，在用人之长也。臣窃睹皇上继统以来，日与内阁元老论治求贤，一时废置，雅望如谢迁，休容如韩文，皆尝降旨存问；方毅如费宏，风节如林俊，英迈如彭泽，清修如孙交，皆已起入公卿。然此率皆公辅之具，股肱之良，坐之庙堂，绰乎有余裕也。至于边尘四起，羽书迭至，欻然而雷风作，突然而虎豹惊，仓卒应变，于诸臣，有一日之长，非致仕吏部尚书杨一清乎？杨一清者，律以圣贤，不能无议，然在今日，明习国家典故，谙练戎虏机宜，有临变出奇之才，有折冲御侮之略，在台省能处大事，在边镇能决大机，舍此不多见也。臣尝拟诸古人，汉之陈平、唐之郭子仪、宋之赵普，殆其流焉。亚此者，若兵部尚书彭泽、吏部尚书乔宇、南京兵部尚书王守仁，虽负时望，然犹远让于一清也。有此人而置之江湖，岂非圣世缺典乎？今西北诸边，从古难治。《诗》曰："赫赫南仲，玁狁于襄。"又曰："方叔元老，克壮其犹。"自昔经制边镇，皆资元臣硕辅，今陛下轸念西北，欲固中国之防，建万世之策，宜乘无事之时，如一清者降敕遣使，起赴阙廷，仍以师保，处以古之使相，俾之经略西北诸边，三二年间必有远猷，不徒小补。陛下端拱南面，可无北顾之忧矣。考一清年已六十有七，筋力颇健，尚能供职，若过二三年，彼日云迈，一旦有事，拊髀思牧，亦已晚矣。如蒙乞敕吏兵二部，议拟上闻，使有用之才，不遗有道之世，则边方幸甚。

倚称皇盐假名进贡剥害地方困敝等疏

据湖广布政司呈送文案内一宗，正德十五年二月内，该内官监太监张旸，装载淮盐八万三千八百六十包，称是朝廷皇盐，及奉江彬差遣，前来湖广各府州县卫所，变卖银九万二千三百三十二两，并查盘倪銮盐银二万余两，于本年十一月内，解回南京讫。又据武襄等府卫县所申称，镇守湖广内官监太监李镇，指称进贡等项，科取银两不下一十五万，地方困苦，钱粮难征等因到。臣参看得太监张旸，当武宗皇帝驻跸南京之日，假托江彬权势，指倚朝廷皇盐，随带狼牙校尉，兼以虎恶边军，声势动地，气焰灸人，抚按被其挟制，三司忍其侵陵，都指挥受其鞭笞，府堂官听其驱使。本省势不能支，府官将盐散给各县，县官将盐散给各里，凡系市村头会，箕敛剥髓捶膏，并获倪銮等盐银，总该一十二万二千五百余两，有案可据。此太监张旸倚称皇盐，剥害湖民，盖其略也。又看得镇守太监李镇，自奉命湖广以来，无年不以进贡为名，无日不以科取为事。内宠李五，倚以谋主；外招无藉，托为腹心。多方罗织，百种搜求，或取铜蜡茶笋，或取葛簟龟蛇，或割盐斤，或分船料，甚至任土所宜，绫绢分于长岳，石锡派于衡祁，凡可诛求，锱铢不爽，鸡犬不宁，计其数年，先后所获不下一十五万余两，有数可查。此太监李镇，假名进贡，剥害湖民，又其概也。今计正德十五年秋尽冬初，武宗驾旋已久，张旸犹且追征未已，至本年十一月内，方将前银十二万两，带回南京，如石投水，如璧沉渊，至今不知何处贮支。再查正德十六年分，春末夏首，陛下奉迎已北，李镇犹且征敛如常，及本年五月初，奉诏罢回，乃挟所得一十余万，满载而去，致使生民膏脂，竟归囊橐，至今未经一人查举。此二人者积恶流毒，皆陛下在藩邸时亲闻见也。即今湖广地方苦于连年未收，加以两人征敛，疲惫已极，赋税难征，各府禄米在处缺欠，各卫军馈逐年无支，闾阎老幼，言及李镇、张旸暨恶弟李五，思食肉寝皮，不可得也。兹幸圣人生我湖中，今湖之民皆曰：皇上念我湖民，不愿发太仓之粟，出内帑之财，赈我穷困，但愿皇上追发张旸、李镇原科银两，给补该纳粮饷，少济目前，凡我湖民，感戴天恩万万矣。窃照李镇、张旸，穷毒万姓，剥害一方，尧舜之世莫容，皇祖之法难宥，如蒙乞敕法司行提李镇、张旸，并李五，会同户部查追前项银两，发还湖广布政司，支给各欠禄米军饷，以补小民今岁准免及来年免征之半，则受害者积愤可伸，负租者宿债少补，凡我帝乡之民，仰祝万岁歌舞太平于无疆矣。

谢恩疏

正德十六年十二月初十日，钦奉敕谕：朕即位之初，念尔等效职勤劳，宜有颁赐，以隆恩典，尔等其体朕至意，益尽忠诚，用副□任。内开右副都御史席书，银十两，纻丝二表里。钦此。钦遵。除望阙谢恩外，臣幸际圣人嗣登大宝，有猷获展，无愿弗伸，方感帝德之无疆，讵意天锡之忽下，文彩来于御帑，白金出自中储，即日光照鄂城，恩深汉浸。念臣发身西土，本瓮牖绳枢之余，叨列中台，获预龙章。天宝之宠，重兹殊典，亟付良工，惟绮可衣，以服膺忠悃，惟金可器，以铭刻丹忱，朝曰饔，夕曰飧，饮则见尧于羹，出而宾，入而祭，服则睹尧于身。物数有终，臣心无已，尚韫椟以光传家世，敢弃蹄而少负涓埃。臣无任战栗，不胜仰戴天恩之至。

计处天下驿传以一政令疏

准兵部咨照得四川、福建、广东、广西、云南、贵州、河南、山东、山西、陕西及南北直隶各有驿传，各有情弊，文书到日，有巡抚着令巡抚，无巡抚着令巡按，各督同守巡官员，责以定限，务将所属各该驿传，急切利弊应合作何处置，一一查照事例，斟酌民情，逐一公同计议，处置停当，具本会奏，以凭上请定夺。守巡官员，敢有怠玩观望，延引岁月，不行用心，着实查处，听抚按衙门从重参究降调等因。正德十六年十月十一日，太子太保本部尚书彭泽等题奉钦依，备咨前来，准此。臣查得湖广地方洪武年间，水马驿递，皆是永充人户充当船马，铺陈什物，皆其自备。至正统、景泰间，有逃绝消乏，奉例将净民之家，消乏者编朋，逃绝者金补，一应马红站船，俱三年一小舱，五年一大舱，十年一次，成造铺陈五年，马匹三年，各驿买补，俱于原驿传册内，朋粮正贴人户，验粮征给，法久弊生，在驿递则有往来势要勒取之害，在民间则有包当夫头勾扰科敛之繁。至正德十三年，该巡抚湖广右副都御史秦金，见得积弊多端，议除永充人户，仍旧长当外，其余粮金人户，比照江浙苏松、北方马头事例，随粮带征，类解本府，转发驿递，选募附近军民，应当款目甚备，处置其精，行之三四年间，各因地里不同，人心异向，有称征银雇募为便者，有称照旧人当为便者，如辰、常二府，皆愿出人应当，长、衡等府，皆愿征银雇募，武、黄等府，有半愿银募者，有半愿人当者，有一府之中，驿递在本府者，率愿自当驿递，在外府者，率愿雇募，较量多寡，以雇募为便者，三分有二；以人当为便者，三分有一。一方政令，实未协一。臣与布、按二司掌印、守巡驿传等官，窃议法无定论，便民者良。除嘉靖元年，仍照上年征银外，自嘉靖二年为始，欲将辰、常二府粮佥人户行，令出人应当，长、衡等府行令征银雇募，武、黄、荆、岳等府，愿征银者，听其征银雇募；愿出人者，听令出人自当。若一府之内，有半愿银募，有半愿人当，亦各两从其便。各府预先会定本府征募该粮若干、人当该粮若干，行令各县，先期审定，某县系征银人户，某县系自当人户，类编成册，毋致临时两下混同，一概勾扰，其置买上中下马驴，及铺陈改造马红站船年限，俱照都御史秦金原议款目施行，仍十年一次审编，消乏者朋并，逃亡者佥补，臣等遍访士民，皆谓如此处分，则官民两便，土俗相宜，事无窒碍，法可长行，如蒙乞敕兵部计议，允当俯赐施行，则全楚之官民无累，一方之政令可一，而驿传从此永定矣。

保留管粮方面官员以资岁计疏

照得湖广地方，地僻人旷，多艺鲜收，宗室星布而廪禄多亏，卫所云屯而军饷不逮，岁入虽有二百万之数，岁用实少十二万有畸，况天灾无常，额征难筹，必欲支用不缺，全在综理得人。频年以来，赖有布政司管粮右参议顾珀，操持狷介，会计精详，守洁而能锄奸贪，性勤而不辞艰险，岁时有丰歉而伸缩有术，地里有贫富而增损得宜，或收多支寡，而以余作正，或截长补短，而以虚就盈，或以边腹为等，或以本折相牵，奔走无时，辛苦百状，三四年间，地方得以有济，岁计不至全亏。似此贤劳官员，可谓上下不负者也。但本官科第已久，历俸又深，或恐升转他处，一时事体未熟，处置或难，不无未谙土俗，有妨国计。查得各布政司多系参政管粮，如蒙乞敕吏部，将本官量升本司，仍司粮储，则地方有幸，岁计无亏，巡抚官赖其资助，实不少矣。

计处蠲免额粮以补岁用不足疏

据湖广布政司呈照得湖广地方岁征秋粮二百一十万石，每岁该支禄米军食、官吏师生俸廪该粮二百二十余万石，除灾伤外，无灾之年亦少一十二万石，似此各年禄米军储常欠七八个月未支有之，三五个月未支有之。今诏书，正德十五年以前拖欠各年钱粮，尽数蠲免，约有三十万石；正德十六年分将上年已征未解准作本年，大约亦免五十万石；嘉靖元年，除兑军二十五万石外，该起运存留一百八十五万石，于内减免五分，共免粮九十二万五千石，各年先后总计减免一百七十二万五千石，每石或折支银八钱，或五钱、四钱、三钱不等，大约得银七十万两，方觳补支。纵或一时难处七十万两，亦□得银三十万两，以补旧欠月分，并嘉靖元年秋冬半年、二年春夏半年紧急支用，呈乞早为计处等因到。臣据此会同巡按湖广监察御史何鳌，议照岁廪官吏之常禄，军储国家之重计，况宗室所赖禄米尤急，往年计派一省所输，仅足一岁所用；今天恩大赉宽民，运五分则民受五分之惠，然减岁计一半，则岁少一半之储。古者，岁免田租，盖由当时用无奢侈，财素丰饶；今也，内无余帑，外无余积，荡费于屡年，博施于一旦，宜乎上下之告急也。兹欲广浩荡之恩，全军国之用，必须先事预处，庶可临事无虞。但经费数多，非一二万之钱谷可补；事体重大，非一二人之识见可周。当即会同左布政使彭杰、按察使杭淮等，议得湖广地方在平时已缺应用，在今日实难支持，此等缺饷，将欲仰给朝廷。然内帑之钱帛有限，边镇之供馈无穷，各官熟思审处，只须于本省地方，或请存库贮银两，或请留荆州抽分，或量取盐号，或乞假香钱，或给发卖盐等银，或暂歇操备等项，条具数事，中间一时心思未及，计虑未周，有可处者，便益处置，有干碍者，续再具陈。如蒙乞敕户工等部，将后开事宜计议相应，俯从便益，庶使军国之重计无亏，地方之大事无误，若候临时束手坐视，有误事机，致生变患，臣等死无赎矣。计开：

一、本布政司库收贮营建宫室项下，剩存各项银共九万二千九百八十八两有零，先因迎接圣驾借用，及寿府修理借支，楚府永安等八府奉辅国将军中尉等位员下，正德十六年夏、秋、冬三季，禄米借支不等外，见在库银三万二千九百有零，并存在各府州县库，除借支外，大约有十二万余两，乞留此项银两，以济禄米军储，庶救一时之急。

一、查得先年各商盐船到省城下湾泊，俱赴武昌府挂号，量纳税银，颇得济用，后该太监赵荣、王润相继镇守，指称修理进贡奏谢费用后，该巡抚都御史秦金，为计处钱粮，以济兵荒，该户部议照盐船得利实多，纳税无几，依拟题奉钦依备行，前来遵依间，随该镇守太监杜甫奏，乞仍收此银。又该户部议称盐船税银，移归镇守衙门，非惟无补于经费，抑且有害于征商等因，具题未允，以后太监李镇相继镇守，每船收银二十三四两有之，十二三两有之，盐商受害，不敢声言。遇蒙正德十六年四月二十二日恩诏，一向停革，到今不曾抽取。今本省岁用不足，乞将此项盐银，请乞钦依。至日每船照椇纳税，大约一椇一两，至三四椇者，税亦如之，以后年分，俱照此行，武昌府收贮，以充禄米，军储岁用不足，实为长便。

一、荆州府抽分料银，每年计有一万八千余两解京，乞将此项银两存留。嘉靖元年、二年分以补岁用不足，以后年分仍旧解部。

一、太岳、太和山所积净乐宫香钱，每年不下□□两，乞将嘉靖元年、二年分借存本省，以补不足，过此二年，仍旧存贮本山。

一、正德十五年，驾幸南京。差旗牌常洪等赍执火牌，前来湖广地方，采去龟蛇禽鸟希怪等项方物，一时无取，本省各府州县凑办银一万五千两，差通判毛应时等，管押到京，告蒙户部奏，奉钦依，将银发户部收库为照，前项银两俱系本省各府州县小民出办，乞将本项银两，查给本省，以济不足，实为便益。

一、正德十五年，该太监张旸，押解皇盐八万三千八百六十包，到于湖广，变卖银九万二千二百二十三两，并倪銮盐银二万余两，共一十二万二千五百余两，不知收何库藏为照。前项银两俱系各府州县小民出办，先该臣具题，未奉明旨，乞查本项银两给发本省，以补岁用，庶为有济。

一、本省先年岁用有余，拨运广西米三万石，安庆米四万石，庐州米五千石。即今本省藩封日盛，每年无灾无欠，岁用亦少，一十二万余石，难照先年得以周给邻郡合无。除广西边粮照旧不动外，乞将安庆、庐州共米四万五千石，存留本省，凑支军储。

一、各卫所操备余丁月支粮各三斗，各处戍守官军每月各支米四斗五升，本省自郴、桂用兵之后，地方颇宁，合无，臣等会查腹里卫分，将各余丁暂歇操备，仍督同各边兵备等官，查系要害堡分，仍旧轮班戍守。查非紧要去处，将戍守官兵暂且掣回，遇有警报，速发应援，亦可少节粮储。

谢恩疏

臣奉命巡抚湖广地方，兼赞理军务。嘉靖元年四月初十日，准吏部咨为缺官事内，开南京兵部缺右侍郎。本年二月二十七日，该本部会本题，奉钦依席升南京右侍郎，钦此。备咨到，臣除望阙谢恩，遵例候巡抚右副都御史张琮于本年六月十一日交代赴任外，切念臣叨抚湖湘，未及八月，遽叨今命，一岁再迁，非有奇才异能不可也。臣何人斯，敢亦叨此。扪心负愧，图报无由。窃闻古人有言曰："鞠躬尽瘁，死而后已。"又曰："国士处我，以国士报之。"臣幸际圣明，天下长治日随，诸臣奉宣休命，咏歌太平，臣之愿也。万一天下有事，臣愿殚智毕力，在国死国，在边死边，庶几无愧于古人乎？此臣平生之所自许，而敢誓为今日报也。

有疾方面正官乞恩休致疏

臣四川潼川州遂宁县人，由弘治三年进士，初任山东兖州府沂州郯城县知县。行取到部，升工部都水司主事，管清江厂，督造运船。改户部山东司主事。升河南司员外郎。升河南按察司佥事，抚民管屯，兼南直隶六安等处兵备。升贵州按察司副使提学。升河南布政司右参政，丁父忧。升浙江按察司按察使。正德九年，升山东布政司右布政使。丁母忧。正德十二年二月，复除云南布政司右布政使。正德十三年三月初三日，转升今职，本年十一月十七日到任，十四年九月内，将经管印卷库藏交盘明白，离职赴京应朝。十五年正月，考察毕，候驾南征。本年七月十四日，领敕回任。臣性畏船水，欲从南阳、湖广、江西陆路赴任。本年八月十三日，行至河南郑州，因过黄河，触冒风雨，偶感伤寒，卧床两旬，调理未痊。闰八月初四日，力疾，前往荆州府夷陵州，依附至亲，寻医更治。切念臣生年六十已周，历官三十余载，功无铢寸，罪积丘山，兹值多事之日，正当与在位诸贤，宣力中外，弘济艰难。缘臣素有弱疾，前此年力未衰，犹能勉强供事，兹当朽敝之余，加以酷虐之症，风邪外感，痰气内攻，两目昏盲，四肢痿滞。虽呼吸之气犹存，而剥床之危可惧。若或复趋闽省，恐死客途，伏望皇上推仁无外，体物不遗，如蒙乞敕吏部，怜臣衰疾，察臣情悬，将臣放回田里，得遂首丘，虽槁烬已绝烟余，而枯骨亦知感戴万一。因窃闲身，幸延残喘，使清时归士，与蜀山野人，得适鱼鸟之情，快睹明良之盛，则臣万死之余生，实惟九重之鸿造也。

陈情乞恩休致疏

臣四川潼川州遂宁县人，由弘治三年进士，初任知县。历升工部、户部主事、员外郎、河南按察司佥事、贵州按察司副使、河南布政司右参政、浙江按察司按察使、山东、云南右布政使、福建左布政使。正德十六年五月，钦升都察院右副都御史，巡抚湖广地方，兼赞理军务。嘉靖元年三月，转升今职，等候交代，于本年十一月二十七日到任管事。切念臣发身农舍，系籍儒林，历星霜已六十三秋，登甲第逾三十四载，由宰县而三历省署，由方面而两列京堂，北台叨湖抚之托，南部窃本兵之贰，粟倍糜于九百，罪不啻于三千，兹遇大明重丽，圣主中兴，正当奋涤前愆，勉供新政，思与同升之士，期见德化之成。奈臣质同蒲柳，性怯风霜，去冬偶患伤寒，今春转成痨嗽，头目昏眩，肢体尪羸，虽强筋力，实难干济。正欲乞休，又该言官论臣窃名等事，臣退省私室，痛思前事。天鉴昭而难掩，人议久而自明，惟反躬以自修，敢腾口以肆辩？但臣素本凡庸，委多衰病，力难效职，分宜退休，如蒙伏望皇上怜臣老疾，放还田里，老马尚谙蜀道，晚鸦惟恋巢林，倘臣躯得遂于三巴之间，而帝德可忘于九阍之上哉！

公廷试以收人望以服士心疏

嘉靖五年三月十五日，例该廷试天下士。臣窃惟我国家取士，糊名易书，虽非古人待士之道，然其防奸厘弊，圣人复生，无以易此。但此法之立，惟会试能守，人无非议。至于廷试，大有不然。臣谓天子临轩策士，赐封大廷，不能一一亲览，以定甲第，分授读卷大臣，正宜精白一心，秉公持正，奉扬天子休命可也。奈何读卷大臣因袭旧弊，其第甲登名，每以官职之崇卑，为进士之高下，官尊者多占于前，不嫌为亢，官卑者委顺于后，不知为诎。大约读卷官每人二十卷，如内阁，首一人所取头卷，决是第一甲第一名，第二三人所取头卷亦即次之。每人尚余一十九卷，文虽如常，俱尽数填入二甲前列剩余，然后吏部或填四五卷，户兵等部或填二三卷，以足二甲之数，其余俱入三甲。至如通政司、大理寺等所读卷，虽有贾、董之才，亦入三甲中矣。以此受卷，掌卷官知某为某人之卷，投送尊官处看读，纵一甲难望，二甲可保，无失高才。有志之士，无所求为，竟落人后，此数十年之积弊，无人为言；九重深远，无由闻者。皇上欲求真才以服士心，此今日第一大弊，不可不痛革者。合无今次廷试，预敕都察院选风力御史二员，严加监试。凡受卷官士子卷来，即令吏人收置卓案，弥封官遇到，即令吏人当即弥封，俱不许亲手检看文字。有检看者，即系故为关节，许御史指名纠奏，仍不许受卷，弥封官与掌卷官往来接谈，各卷糊名毕，每卷仍用方纸包封，关防钤盖，送掌卷官处，一体混送读卷官。内除内阁首一人总看各卷，不必分授试卷，大约人各二十卷，卷既钤封，掌卷官虽欲以文之高者分送尊官，亦不可得。读卷官将送到试卷拆去外封，分看文字，各自别为三等，先将上等一卷送内阁，公同会看，不分阁部院寺，但得敷对明称者，定拟一甲三名。余卷自二甲一名，从内阁起始，至大理寺，各填一卷，终仍从内阁三四，周而复始，二甲数足，三甲亦然。所分试卷，但以士子人才为高下，不以读卷官职为后先，官卑者一二甲不废，职重者虽三甲亦可。法有守，则中士无缘而倖进，高才不至于退抑，天下英豪得以吐志于大廷，人才大柄得以独揽于天子，百年积弊，一旦可雪除矣。臣忝礼官，职司提调，切见大事在迩，大弊当厘，伏望皇上即日早赐独断，天下士不胜鼓舞之至矣。

大礼告成乞图新政以答人望疏

窃惟皇上入继大统，以父子伯侄名称未正，尊号未隆，孝德未伸，莫遂图治之愿，困心郁志二三年于兹矣。今幸大礼告成，天下拭目以观一番新政。臣不知陛下所以答天下之望者何如？昔唐玄宗入继中宗，志欲中兴，姚崇先为十事要说，以叩玄宗之志。今陛下礼成之后，将欲锐志中兴，以伸达孝于天下。臣请以今日十二要宜上言，以耸天下之听瞻，可乎？古之帝王未有不由清心寡欲而绵福祚者，臣愿陛下夙兴夜寐，览疏观书之余，一以清心寡欲为本，欲少则气清，气清则精聚，精聚而多寿多男子，国祚无疆。欲多则气昏，气昏则神散，神散则败德乱政，靡所不至，而作圣入愚，从此分矣。自古帝王未有不由读书观史知鉴戒者，臣愿陛下退朝览疏之余，一以读书观史为事。但书史浩汗，急难遍读，今宜先其急要，读书先读《尚书》《伊训》《太甲》《说命》《旅獒》《大诰》《无逸》等篇，观史先观《通鉴节要》一部，次读范祖禹《唐鉴》数卷，观古帝王某因修德而兴，某因失德而亡，某听何等人言而事成，某听何等人言而事败。不出半年，古今鉴戒，了然心目。然后以次进读《四书》《六经》《纲目》诸史，则圣学日积，圣智日长，人难欺矣。自古帝王未有不由接见贤臣而政达者。孝宗皇帝知我祖宗朝故事，每于文华殿或于奉天门，时召内阁大学士刘健、尚书刘大夏、马文昇、戴珊，亲问军国等事，民间疾苦人心，至今没世不忘。臣愿陛下或书史有疑，或事关大经大法、边务民情，时召大臣，延问亲访，则君臣情通，事无壅蔽之患矣。自古帝王未有不由听纳忠言而国治者，迩因大礼一事，大臣言官论议不合，有拂圣孝，上下睽违，谏多不行，言多不信，此实诸臣不能开导善引之罪也。今诸臣各悼前非，各图自效，臣愿陛下自今大臣言官，凡百论议建白，有关国家政体，有关军民利害，即赐采纳。中间明旨已下，诸臣三四执奏，必是有伤政体，有损民生，亦乞无拘成命，俯从施行。间有一二新进，事体未熟，言议少乖者，亦不加咎，则言路通而膏泽下于民矣。自古帝王未有不由躬行节俭而致太平者。故昔汉文帝露台惜百金之费，后宫衣不曳地，宋仁宗夜半思烧羊，恐为例而止。故文帝之世，国富民饶，几致刑捐；仁宗为宋一代之英主，盖由二帝深知民隐，痛自裁省故也。今天年日歉，地利日薄，上供日增，间阎之间，民穷见骨，臣愿陛下远法二帝，近法我太祖，常忧民不聊生为心。凡内府一应供用所需，各监局岁办各色物料，下户、礼、工三部，可裁减者，以某年为例，悉为裁减。南京马快船只，乞下兵、工二部，照依正德十六年后奏准定数，以省造办夫役之劳。仍敕文武百官服用宴会，一从俭约，则民生少纾而颂声作矣。自古帝王未有不裁冗滥而国储足者。祖宗时，国用有常；至成化、弘治间，增至三倍；正德间，增至五倍，太仓不及一年之积。幸赖皇上即位，裁革冒滥官员、勇士、旗校、匠作等人十二三万员名，每一年裁省京储一百五十万石，今三四年间，存积五百余万石。若非天启皇上，阴佑国家，太仓至今已空虚矣。设或有事，官军无食，京城谁守？今此辈人往往乘机奏要，复官复役，以蠹国用，京城极大事件，莫过于此，无人敢为陛下言者。臣愿陛下为都城远大之计，痛革此辈，遇有奏请，拿送法司，枷号三五人，以为误国之戒。凡升一官，则添一人之费，以后中外贵家，无再加升锦衣卫指挥、千百户官员，庶几仓无虚耗，都城可无惧矣。自古帝王未有不重边饷可无事者。我国家边计多资于盐利，盐利尤重于两淮。正德间，豪商王钦等，交结钱宁，阻革群商，独擅利权，亏损边储百万。幸赖皇上登极，重惩此辈，边食尚犹不足，边军往往积怨肆逆，叛城杀将，今此辈人仍袭宿弊，渐要奏讨前盐，以亏边计。乞敕法司行拿重治，以为误国误边之戒，则虽边烽有警而数十万之粟可飞挽矣。自古帝王，未有不早戒贵戚可长保富贵者。我孝宗在位，无事不可为法，独待外戚过于成化以前，以致今日，贵戚又欲超越弘治时，戚畹之上，时岁日歉，贵家日奢，奈之何军民不穷且困也？臣愿陛下于今日贵戚之家，戒以持盈守谦，少节土木之功，则穷困军民可少苏矣。自古帝王未有崇奉佛道而获福者。故梁武帝舍身同泰寺，竟为侯景所逼；宋徽宗倾信林灵素，竟为金兵所掳。佛道不能一救，则佛道不足信也明矣。臣为主事时，因灾异上言孝宗，曰："愿陛下节用爱民，以汉文帝、宋仁宗为法；奉道事佛，以梁武帝、宋徽宗为戒。"孝宗纳臣之言，置之座右。臣今再上此言于陛下，能纳臣言否也？自古帝王未有不由溥于用人而能服人心者。臣愿陛下于今日诸臣，惟取其人物之贤否，不拘于言礼之异同。人果贤欤，言虽异而不可轻弃；人非贤欤，言虽同而不可轻与。试言今日论礼之人，臣与桂萼、张璁、方献夫，其贤与否，莫逃公论。中间言礼虽同，如钱子勋、随全辈俱系革职之人，欲假言礼以图复官，臣愿陛下于此数人，苟取其言，量为赏赐可也。设若假以官职，非徒臣等含羞，为人非笑，譬如伶人而奏韶乐，并陛下典礼亦为所点污矣。不然，何前日不言，今日始言？何见任者不言，而革职之人偏多言也？古之帝王未有不以安静为治。若成化、弘治间，各官有犯在内行法司，在外行巡按御史提问。至正德间，始有访事拿人之风。皇上一二年来，每以人议未合，举措不顺，时有访拿之举，夫免人情惊疑，天下未安。今大礼已成，人情已顺，臣愿陛下一新今日之政，官员有犯，已差人者，速令归还，已行拿者，速令疏放，行御史、按察司如律问奏，则各官安职，天下称颂矣。自古帝王未有不肃宪法而令可行者。国家寄耳目于御史，出御史巡按代天子巡狩也。御史一出，豪强敛避，一道振肃，正以伸天子之法也。御史回日，都御史考察称者复职，不称者不得复道管事。近闻有易州民陈彦章，初以本州有一兵备，不能纵逞奸恶，因而奏革兵备，今以查点徒夫不到，不受御史责治，复又奏提御史。一方之民，知有陈彦章而不知有御史，是御史不能伸天子之法于人也。今有道之世，岂宜如此？臣愿陛下速令都察院考察御史任洛，在彼行事或有乖方，取回别议。如果无罪，被其排挟，将陈彦章枷号发边卫充军，御史仍旧在彼巡按，易州仍设兵备一员，此令一下，则各处御史，得以振肃台纲，豪强迸迹，良善乐生，天子之法得行于天下矣。天下事，可言者尚多，臣独以十二事为言者，臣惧九重深远，万机丛萃，不知何事为今日之先，何者有拂民性，何者可顺人情，某事国有利而法未举，某事民有怨而上不知。故先举一十二事欲陛下知所先后，举而措之，以答亿万人之望也。至于求贤图治，此又今日之急，陛下不以臣言为罪，臣尚次第陈焉。臣犯群议，以言礼而来，礼成，即宜求去。所不去者，欲观陛下向治之机，未忍遽以去言也。臣观陛下正礼以来，早朝晏退，内尊三宫，外临百官，圣学缉熙，日讲不倦，忧勤惕励之心，可谓至矣。治平之道，是心可以推矣。臣因举十二事宜，以为治平之要，凡皆剖心裂腹之言，惟陛下独断可也。陛下朝闻夕举，加诸天下，人将曰："大礼之举，真大圣人之为！使斯礼不行，吾人安得复见尧舜之治？"不然，则天下失望，臣等言礼，亦无补矣。即今西北多事，正内修外攘之时，仰惟陛下以明王孝治天下为心，以锐志太平为愿，则斯文幸甚，斯礼幸甚，天下万世幸甚！

卷之四　奏议

赈饥要议

引曰：岁癸末，江北大饥。书时贰兵南部，尝为是以上；及投通政司门下，先七日，有诏差书矣。客曰："公术可行矣。"书惊汗曰："善医者不执方，今江北感时灾而颓卧者百万，虽百炼金砂，人投一粒，惧弗能起。书以一杓之糜，将副九重之遣，以治一方，可乎？"客曰："肠胃虚怯之证，今昔皆同。持是以往，虽百世可治也，而况一方乎？"书起谢曰："有是哉！愿往试之。"

急简要以活饥民疏

臣切见今岁南畿地方，夏秋旱涝，人民饥馑，初卖牛畜，继鬻妻女，老弱展转，少壮流移，或缢死于家，或饿死于路。父老皆言："今昔无此。"各官已尝具奏，廷议已下赈恤，但饥民甚多，钱粮绝少，以此有数钱谷，兹欲按图给济，如汲壶水以洒涸河，徒有虚声，决无实补。为今日计，先须分别等第，酌量缓急。以地言之，江北凤、庐、淮、扬四府，滁、和二州为甚，江南应天、太平、镇江三府次之，徽、宁、池、安、苏、常等府又次之。此地有三等，难于一例处也。以户言之，有绝爨握腹垂命旦夕者，有贫难已甚，可营一食得免沟壑者，有秋禾全无，尚能举贷者。此民有三等，难于一概施也。今赈恤南畿，宜先江北，次及江南二等、三等州县可也。赈济户口，宜先垂死，次及可缓二等、三等人民可也。况今江北地方，前巡抚已去，后巡抚未来，受饿于本土者无可依恃，流徙于江南者无为抚存。臣等袖手傍观，目视其死而已。窃谓君厚禄以养臣，臣宜代君以养民，民出赋以给官，官宜竭力以为民。今民有急难，坐视莫救，独何忍哉！臣日夜筹计，有司仓库既无素储，户部钱粮又难遍给，考求荒政，率多有碍。于今惟作粥一法，不须审户，不须防奸，至简至要，人人可以举行，旦夕可以救死。今世俗皆谓作粥不可轻举，缘曾有行于一城，不知散布诸县，以致四远饥民闻风并集，势力难支，遂谓作粥之法，不宜轻举。今计南畿，相应作粥州县：江南宜于应天、太平、镇江，分布一十二县；江北择急要者，宜布三十州县，总计四十二州县。大约大县设粥十六处，中县减三之一，小县减十之五，如臣赈粥事宜，款目备行各该州县，分设粥厂，约日并举。凡穷饿者，不分本郡外省，不分江南江北，不分或军或民，不分男妇老幼，一家三口五口，但赴厂者，一体赈济。计自今十一月中起，至麦熟为止，以四个半月为率，江南十二县约用米五万余石，江北三十州县约用米十万余石，其合用银米，江南、应天等三府，除见积银谷，再于原发淮浙盐银十万两内支五万两。江北各府不知见积若干，亦不知该部见发若干，如未经发有银两，乞早处发十二三万两内支十万两，通前余米作粥，余银各散次贫人户，总计用米不过十六万石，计价银不过十六万两，可活二十万余人。所用有数，未至太糜，所赈有等，不至虚费，法简直而奸弊难作，事平易而有司能举，此法一行，穷饿垂死之人，晨举而午即受惠，三四举而即免死亡，其效甚速，其功甚大。此古遗法，非今创始，扶颠起毙，拯焚救溺，未有先于此者，窃谓此法非但宜于南畿，似可推于天下。舍此而欲将今在银两，审系贫民，唱名支放，饱者多或窃冒，饿者率至遗亡，死者仍死，逃者仍逃，求补尺寸，决无能矣。但赈济专责，事在巡抚，今江北巡抚未至，所幸应天等处赖有巡抚尚书李充嗣，以臣署管南京户部，曾与臣等计议。臣谓：今江南流聚太半江北之民，民无南北，皆朝廷赤子。今欲赈粥活民，必如臣后拟合南北而兼济之，此臣一念之愚也。今论治者，凡言制礼作乐，然后起人敬听；若曰作粥活民，率厌闻也。然衣食足而后礼乐可兴，今使民饥而死，虽日讲射祭冠昏，日奏咸英韶濩，何补于治哉！臣为此议，非徒人笑其痴，臣亦自知其鄙，虽然，此不得已为此下下策也。必欲治平有具，水旱无虞，惟在天子公卿上下一于恭俭，节浮费，裁冗食，损上益下，重司农，饬守令，广储蓄，遇有凶荒，开仓发赈，兹尧舜三王之仁政也。区区赈粥活民，岂经世久长之计哉！臣窃痛目前已死者，不可复救，未死者尚有可为，如蒙伏望皇上轸念民生，乞敕户部再加议处，速赐施行江南江北，悬命待尽之民得更生矣。为此谨将简要赈粥活民事宜，条具款目，装潢成帙，具本随进以闻。

计开赈粥活民事宜：

一、作粥之法，第一便者必穷饿之甚，方肯赴食，若能自营一食者，决不甘此，故荒政非一，首先此焉。

一、活民以粥，财窘而经费有节，民众而赴食有限，事简而奸伪难容，一举而数善具焉。今如群议，欲将江北流民散钱遣归，即如此举，巧计者伸手可得，归乡者食尽何倚？此苟应目前，非始终全活之计也。

一、救荒者救其不死而已，今赈以粥，正欲死者得不死焉。

一、作粥宜散不宜聚，聚则人众而患生，散则人少而患免，往因处之无术，布之不广，或传染瘟疫，或转加冻饿，死者愈多，且生他患，以致一二大家欲施舍而不敢，贤能有司将担戴而未能。今散布诸县，保无他虞。

一、设粥州县，今计江南、应天、太平、镇江①宜设粥者十二州县，江北宜作粥者，滁和四州县，庐州四州县，凤、淮、扬三府，每府各拟七州县，计三十州县，大约江南、江北总不过四十二州县。州县有三等，小县约十三四，中县约十三四，大县约十三四，小县每县设粥八处，中县每县设粥一十二处，大县每县设粥一十六处，大约总该五百余处。

一、今计设粥五百余处，一处每一日早晚二餐，一人每餐该米三合，二餐六合，一日二升四合，可给四人，二石四斗可给四百人。每一月一处该米七十二石，至来年麦熟为止，计四个半月，一处用米三百二十四石，十处三千二百四十石，百处用米三万二千四百石，总计五百四处，该米一十六万三千二百九十六石，计价银不过一十六万三千二百九十余两，可活二十万余人。人多递加，人少递减，或加十分之二，或减十分之三，难拘今定之数。

一、今计小县设粥八处，每一县不过用米二千六百三十二石；中县设粥一十二处，每一县不过用米三千八百八十八石；大县一十六处，每县不过用米二千一百八十四石，可至麦熟。中间若有才力，知州、知县虽无官银，亦能自处，况今给有官银，此法之行，特易易耳。

一、将万人如使一人，分数明白耳。今计宜赈州县实该几处，合用钱粮总该若干。一县得好官一人，一人选用十人，举此无难矣。

一、江南州县，除见积之外，赖有前给淮浙盐银十万，举此无难。惟江北灾重地方，未见赈发某项钱粮，如蒙急为区处，多助钱粮，倒悬之民，庶宜有望。

一、古富青州所赈，类皆河北之民，今江北地方，急缺巡抚，民无依附，率多流徙渡江。兹欲并济北民，合将紧要应天府所属江宁、上元、句容、溧水、江浦、六合，镇江所属丹徒、丹阳、金

---

① 此处缺二字，据上文内容补。

坛，太平府所属当涂、芜湖、繁昌，上自芜湖，下至京口，沿江四百里，十二州县，先将见积银米分投设厂，散布作粥。凡江北流来饥民，不拘多寡，俱听赴厂，一体给粥赈济，但恐北来就食人众，钱粮莫继。今计江南十府，除七府外，应天、镇江、太平三府见积银谷已有五万，再于淮浙盐银内凑给五万，流民虽多，决能周济。南京户、兵二部，并江南巡抚，仍一面行文江北各府州县，中间贤能官员，先将所有尽力设粥以济流殍，候彼处巡抚至日，将前拟处所，一并作粥，则北来渡江流民，势必顾恋田园，归还乡土，朝久就食。北民既去，止赈江南，余民延至麦熟，数万生民各全生命，富郑公青州之政，未必不再睹于今日也。

一、三等县分设粥处所，或拟八处，或十二处，或十六处，每处每日计米二石四斗，此其大概，如此，中间每县或减二三，或增一二，每日每一处，用米尽人多寡，或日二石以上，或日二石以下，各该有司听各酌处施行。

一、各县设粥处所，宜编天、地、玄、黄等字号，名曰"天字粥厂"，或"玄字粥厂"。

一、食粥厂内先要定立规矩，编排次第，席地而坐。坐东者面西，坐西者面东，不许动移，从有官府巡视，亦不许令起身，免其抢乱。每二十五人，一灶一锅一桶，每一锅用米七升五合，可给二十五人，每百人四锅，四百人十六锅，每日该时分入厂坐定，不须逐一遍数，起眼之间，即知为若干人，计用若干灶，多则加灶，少则减灶，晚餐亦同，至该时分，东边头一行放出，次放西边头一行，其二行三行，次第鱼贯而出。

一、每早餐于辰巳之交，晚餐于申未之交，早餐限于辰初即入，巳时方出，晚餐限于未初即入，申后方出。每日少受拘束，使能营食者不肯混入。

一、起首作粥，须同一日，使人不得偏聚一处。各厂每日二餐，俱同时刻，使饥民不得既食于此，又顾之他。

一、京城内外聚食人多，设粥之日，未免争聚，人烟凑集之处难于布散。宜编天、地、玄、黄等字号，用厚纸刷印，约方二三寸小票，给天字者，许赴天字厂；给地字者，许赴地字厂。事定之日，不再用此，此法止行京城，外州县不用。

一、合用锅、水桶、木盆，俱在本乡村借用，附寄簿籍，事毕给还，碗箸各人随带。

一、作粥之米，□要碾簸得所，淘洗极净，汲取清水煮，令浓熟，毋致生冷、污秽。切不可临时加水，致生疾病。县官丁宁管事人，如待自生子女，每日不拘某锅内，取一瓯先食；巡视官员至此，亦取自食，以验可否。

一、拟作粥州县，普济穷饥之人，不专为本县而设，其半荒州县，若有穷饥之人，听各随便移食设粥州县。

一、徽、宁、池、安、苏、常等府，徐、邳、广德等州，舒、沛、宜兴等县正官，若有见存府库钱粮，能设法处置，境内境外若有穷饿之人，各官自度才力，不必仰给官银，听各设粥二三处，一足以见仁民之政，一足以见有为之才。

一、管粥之人，不拘在城在乡，或僧或道，但系素有行止，善施怜贫，富实长者，或一人二人，分理一处。

一、设粥处所，于寺观、教场、马厂及各宽闲之处，各要门户关栏，若在寺观，就令僧官、住持管理。

一、煮粥柴薪用官银买办，事定之日，或令饥民少壮者，各令采柴草一束。

一、饥民出外，不许作踏田禾、抢夺柴草、摘取蔬果，若有一二喇唬强徒，或在厂为首抢食，或出外抢物，管事人就便拿送本县，用大枷号令厂门外三四个月，每日照数给粥，满日不死，疏放，庶可止乱，不得姑息。

一、外来趁食之人，各于神庙寺观寄宿；如寺观难容，每人家各安插二人三人，令于房檐或门楼下，各得草荐一条，或稻草乱草上卧下盖，以免寒冻。如有死者，地方眼同看视深埋，不许刁徒骗赖寄住之家。

一、饥民有饿死尫羸，或有时疾者，令其别坐一处，无致传惹诸人。内有死者，责令地方埋瘗。

一、起首食粥三四日间，久饥之人乍食乍饱，未免多有死亡，不可因而惊怕疑阻，过十日后，自然无死者。

一、饿损之人初食，止许给粥半碗，次食一碗，以后渐加可免死亡。

一、得过之家，不许纵令家下厮养之徒入内，与饥民一概混食。有此之人，听管事人责治逐出。

一、本乡社有积粮之家，给与银两，每米一石，或七八钱，或九钱，或一两，照依时价，临期出米，就本乡社作粥。

一、先日见有抛弃婴孩，议欲将银一万两，每收一孩子，给银一两，抚养成熟之时，或听自养用，或给还原人。今作粥之法既举，饥民男妇虽有婴孩，保无抛弃，前给养之法，不必举矣。

一、各县或有一二富实之家，愿施食者，或一人自设一处，或二人朋设一处，州县具名，先申上司知会，事毕，以礼奖劝，以励为善之心。

一、本县置文簿二扇，一付管事人，一付在官人。每日公同查该本日内食粥人若干，用过米若干，眼同登写附簿。每五日十日，揭呈本县，立案在官。事毕，造册缴报、查考。每日止写某处某里男妇总若干，不必通写，以致繁扰。

一、府州县官，赈济有方，所活民众，事毕之日，具奏旌举。

一、上言事款，臣于弘治初年，曾为郯城知县，正德初年，曾为颍川兵备，俱经小试有验，非敢无稽泛言。

一、江北各府设粥，本土赴食者各宿本家，不须他处；江南各府，半给本土，半给外来，必须散布有方，安插得所，然后人无冻损之患。今仿富郑公，擘画屋舍，安泊流民，州县坊廓等人户，那趱间数。第一等那趱五间，第二等三间，第三等二间，第四等、五等一间，乡村等人户，第一等七间，第二等五间，第三等四间，第四等、五等一间。今不必拘定间数，祗宜照人多寡，以勾安插为节，有寺观为便。

一、设粥厂分遇有雨雪之日，如或房舍褊浅，分布三四处，摆列成行，挨次大口给米五合，小口三合，各归宿处自食。无雨之日，仍旧设粥，听各管事人，随便宜处之。

一、富郑公奏谓：“按籍总三十余万人，此是于必死中救得活者也。”与夫只于城中煮粥，使四远饥赢老弱，每日奔走，屯聚城下，终日等候，或得，或不得，闪误死者，大不侔也。今此专事煮粥，与富公相比者，富公以青、莱丰稔之地，赈河北饥殍之民，处积有余，可以安置村户，验查丁口，日支米豆宜矣。今处荒地，而赈本土之赢弱、外来之流殍，官储有数，而饥窘无穷，非赈粥以活死者，不可也。况郡分各县，县布各乡，与富公所谓“设粥城下，屯聚死者”不侔。所处不同，所施亦异，而活民之心，一而已。达事体者，尚宜知之。

一、富郑公谓：“饥民三十余万人，皆于死中得生，其余稍营运自给者，不预此籍。”观公此言，今日赈粥以先死者，正与富公实未背也。长民君子，当识此意。

一、江南、应天等三府，起首设粥之日，宜先远而后近。前五日，于芜湖、繁昌、溧阳、丹阳、金坛举行；又五日，于当涂、丹徒、句容、溧水；又五日，于江宁、上元；又后五日，饥民少散，才于都城外。不然，则江北流民，拥聚城边，难于布散。

一、古人救荒，以疲羸穷饿者为一等；业产甚薄，尚能营食者为二等；有产无收者为三等。三等赈粜，二等半济半粜，一等全济。今给粥赈济外，稍有钱谷，散给二等，无使失业；至于三等人户，设有长平义仓，减价而粜，宜无不善。今或无此，先其急者可也。

一、近日城下设六处，每处或赈千二百人，或千五百人，或至二千人，所赈之粥，未免冷热不等，给散不均。若如原议，每厂不过五百人，薪水易办，照管自周，人人得所矣。

一、各厂委用，全在得人，苟非其人，或至偾事，谓之法不善者，误矣。

右件，臣稿方脱，或问臣曰："今策士奇才济济布列，子言'荒政必有经济邦家之才，超绝流俗之见'，今数千百言，屑屑以一粥为言，胡子之愚，不惮人厌也？"臣告曰："臣亦知臣之愚也，臣亦知人之厌闻也，且谓今之离乡井填沟壑者，何故欤？"曰："以穷饿也。"曰："方其颠仆之时，治以庐扁，可免乎？"曰："未也。""食以丹粒，可免乎？"曰："未也。""投以一粥可免乎？"曰："免矣。"臣曰："若然。臣欲啖民以粥，活民于死，尔顾谓臣为愚乎？"或曰："仆非不知人得食而后生也。谓夫米非不可为粥，钱非不可易米，子不赈民以钱米，一则曰粥，二则曰粥，言近粗，事近鄙，其取厌，宜矣。"臣告曰："是未之思也。死生亦大矣！古之人苟可救民于死，禹手足胼胝，不厌其鄙；《洪范》先食货，人不谓其粗。兹欲赈民以死，安暇计粥为粗鄙乎？试言千室之邑，加以饥馑，令榜于市曰：'某日将赈民以钱。'一日之间，集者万人。令榜于市曰：'某日赈民以粥。'一日之间，集者千人。何也？钱者，凡有生而皆愿；粥者，非至死而莫甘。使为令者，审势度力，先饲千人，次给万人，则千人脱死，万人未至于厄。设或储积无多，概万人而给之，则万九千焉。固将家德而人惠随，而钱莫继，惠莫终。饱者多幸，饿者多遗。彼千人者，终不免为犬乌之食矣。然则，今之司一方者，将使千室之令，先赈千人乎？先赈万人乎？尔顾谓臣为愚，非臣愚也，诸贤未之思也。"问者默而去。臣退而斋沐，次第以献。

论曰臣为此录，窃独感曰：合天下之人，臣且未计；合南畿之人，臣且未计。试举南都廛居巷处，未下三十万人，未赈之前，流食于城，横尸于道，举目皆是。一旦京府饲粥，环城而食者，不过万人焉。以是推之，待哺而垂死者，三十万中一万，一耳，况外来者太半乎？举此以概南畿，待哺求免者，率不过五万人耳。举此以概天下，待哺求免者，百十人而一人耳。以国家之富，天下之广，不能拯此一人，可慨也已！夫以万斛之粟，可活万人之命。近时权焰炽天者，囊金百万，下是者，岂曰十万已焉？而闾阎悬磬之民，待哺斗升，不获而死，岂天地生财之不足哉！司民牧者，或诿曰："非臣下能也，迫官帑下赈。"不知先所谓三十人而一人焉。则官帑徒费而一人者，不免于沟壑矣。天之所生，地之所产，自足以供一世人之用，丰凶常数也，处丰预凶，损有余补不足，代天理人者责也。故曰："无政事，则财用不足。"以今观之，谓之无政事也，亦宜矣。虽然，此以赈粥而言，抑末也。本之其斯云乎？愚既为录以献，窃再附此，为我有官君子告云。

户部为急简，要以活民命事，该本部题江西清吏司，案呈奉本部，送户科抄出，南京兵部右侍郎席书奏云云等，因具本奏奉圣旨，席书已有旨，差往江北各府州赈济所奏事，宜就着从便处置，务使饥民各沾实惠，以副朕悯念至意。还行与江南巡抚官一体施行。该部知道。钦此。钦遵。抄出送司案。查先该少师兼太子太师吏部尚书华盖殿大学士杨廷和等题为急处重大灾伤事，奉圣旨，淮、扬等处地方灾伤重大，朕心恻然，这所奏事情，户部便会官，议了来说。钦此。钦遵。该本部会同少保兼太子太保吏部尚书等官乔宇等，议陈八事，题奉圣旨，是。这地方，灾伤重大，军民十分困苦，存留起运粮米，岁办等项钱粮，俱与停免，其余救荒事宜都准议行。还差两京堂上官一员，前去会同抚按官严督所属，将前项动支银两，设法赈济，务使人沾实惠，不许虚应故事。钦此。钦遵。本部依奉，将两京堂上官疏名上，请奉圣旨，席书着兼都察院右佥都御史，前去江北地方赈济，写敕与他，还于南京各部司属内，选带两员随去，务要用心设法，使穷民各沾实惠，以称朕悯念元元至意。钦此。钦遵。已经通行去后，今该前因案呈到部，看得南京兵部右侍郎席书奏称江南、江北地方灾伤，而江北尤重，已死者不可复救，未死者尚有可为。备将赈粥事宜，开具条款，装潢成帙，奏乞再加议处，速赐施行。"非但行之南畿，实可推之天下"一节为照，设粥赈民，乃古人之良法，救荒之常策。前此本部议覆赈济事宜，亦尝举以为言，然未有毅然行之者，今本官奏称考求荒政，惟作粥一法，简要可行，臣等参详开立条件，经制节目，备极周悉。盖尝验之于古而有征，施之于行而取效，非独以拯民生于垂尽，抑所以固邦本于无虞也。其合用赈济银两，已经本部会官奏准，先后给发各项银二十万两。比之本官所拟更多余裕，朝廷不恤厚费，以济穷民。简命本官，专理其事，而又得行其所言，必能宣布德意，仰副皇上悯念元元至意，江北之民，何其幸与！然救荒亦多术，其要惟在于活民，行法取有验，不必皆从于己出。所据设粥事宜，相应通行，合无候命下之日，本部移咨钦差赈济江北，南京兵部右侍郎兼都察院右佥都御史席，会同彼处抚按官，查照节奉，钦依将先后发去银两，督同部属，并各府州县正官，依其所奏，通融设法赈济，与之粥食，以济一时之饥；与之种子，以为来岁之计。凡撙节爱养，一听从宜处置，仍行巡抚应天等处地方，都察院右都御史吴廷举，一体钦遵设粥赈济。若大江南北军民性习不同，地里远近不一，中间或有老稚不能就食，设粥之外，别有长策，可以拯救厄危，亦就参酌，从宜计处，务在分给周溥，使穷民各沾实惠，及将煮粥条件，通行北直隶，并各省巡抚官，依式誊布所属军卫、有司衙门，讲求参酌。遇有灾荒，依拟举行。臣等又详本官终篇以煮粥活民，非经世久长之计，必欲天子公卿，上下一于恭俭节浮损费，以行尧舜三王之仁政，实因事纳忠至意。伏望圣慈，上忧天变，下恤民穷，减膳彻乐，修省于宫禁，惟时惟几，戒饬于臣工，庶几导迎善气，消弭灾沴，则唐虞三代之治，可臻矣。生民幸甚，宗社幸甚等。因嘉靖二年十二月初十日，本部左侍郎邹文盛等具题，本月十三日，奉圣旨，是节次发去银两，着席书督同随带部属，通融设□，从宜处置，还通行各处灾伤地方，着巡抚官参酌计处，务在分给周溥，使穷民各沾实惠，躬行节俭，省费恤民，朝廷自有处置，钦此。钦遵。拟合通行为此，除外，合行移咨前去，烦照本部题奉钦依内事理，钦遵查照施行。

处添钱粮始终全活饥民兼济军余疏

臣先为急处重大灾伤事，钦奉敕谕，拨发淮扬折粮余盐等银二十万两，赈济江北地方，钦此。臣移文，会同钦差总督漕运兼巡抚凤阳等处地方都察院右副都御史胡锭，巡按直隶监察御史刘棨，当即宣布德意，分给银两，极力赈恤。旬余之间，僵尸随少，枯朽回春，日复一日，渐有生意。昔流江南，今归江北者，日以万计，古称"君相造命"，昔闻其语，今睹其真。但拨发银两，举总似多，散布实少，内又淮安府折粮银一万三千一百二十六两未征在内，见在有银一十八万六千四百余两。以扬州府所属十州县，查报饥民一十四万五千余口；淮安府十一州县，查报饥民一十六万九千余口，总四府三州五十六州县，大约该三等饥民八十五万余口，除次贫、稍贫外，其垂死极贫者，不下四十五万余口，一口计银一两，须得四十五万余两，而次贫、稍贫之人，银两既难遍济，种子亦无散给，又今江北直隶并中都凤阳等二十五卫所军余，久缺月粮，近请余盐、钞关共六万两，拨补军储内钞关三万两，至冬方有，仅有余盐银三万两，所补甚微，军余饿死，横尸不计其数。臣等推广朝廷养军恤民之意，虽敕书未载，不忍恝然坐视其死。量于十八万六千两，内除派分所属外，每府州量存二三千，或四五千两，并劝分存积等银。于本府州有卫所去处，各设粥或三四处，或七八处，听各穷饿军余与市井平民一体赴食，此项去银一万五六千两，分派州县，止得十七万有零，朋凑各府措积银米，计派两个月，每一月大州大县约得银一千三四百两，次等州县约得银一千一二百两。臣等欲分差各官下乡，访古抄札之法，沿村逐门验审三等丁口，凭富民耆正保明给银，计度银两不敷洒散。又恐心目难到，奸弊难防，强壮者多或侥幸，穷饿者多至漏遗，终非全计，不得已仍照初议，四下召商，分令各县随便籴米或杂粮，除在城四关厢设粥外，各乡约二十里合三五村，搭厂设粥，随方就近穷饿者听其自来，可过者随其自便，如鱼鳞砖砌，无县不举，无村不设。内除本城军余，外来无归者，各听收养，其余有归著者，县归县土，村养村民。今正月已过，仰荷德泽，幸得免死，但拨发银两仅足正月、二月两个月之用，三月、四月全无仰给，脱或不继，一方之命难保生全，兹欲再请上供银两，臣等决再难言，必须仍于在外，多方处置，务须钱粮相继，然后民命可全。访闻士夫舆论，皆谓当事急之时，其他甚迟且微，惟盐利甚速至大。今查得弘治十六年，曾遇岁荒，该漕运都御使张缙奏，准开中额盐三十万引，赈救饥民。今岁江北地方灾伤重大，加倍往年，今不必开中额盐以妨边计。臣巡历扬州，查有两淮运司见贮过字等号。见在张铎等一万八千余引未支者，尚有靡字、已字等号革没盐二十余万引，虽今革没，尚为可行。倘蒙许令见在者召商变卖，未支者召商买补，再于各灶丁烧剩余盐，亦听各商每引纳银七钱或八钱，任其自买余盐十万引，不过旬余之间，即可得银三十万两，可将二十万两接济三月、四月之用外，银十万两内，以五万两散给次贫种子，五万拨补凤阳等卫所官军俸粮，其秤掣本项余盐银两，亦听备荒之用，则数十万生灵之命可保，始终全活矣。议者或以盐法幸才归正，衅端不可再开。臣谓诏书裁革，专为蠹奸占窝而言，臣等所请，盖谓救民之急，于边计无亏，于商人至愿，比与蠹奸占窝，夺商情，坏盐法，妨边计，情实不同。又据丁溪场灶丁薛朋等告称，今被荒年，商人不通，煎盐无用，各场灶丁饿死一半，乞开烧剩余盐，少救生命。据此，今日所举，非徒可活百姓，而又可活灶丁。夫古者山泽之利，弛之于民，今以煮海之利，而活淮海之民，正得先王之意。如或未蒙准允，亦期于嘉靖三年额，果内照弘治十六年事例，开中三十五万引，以济饥荒。然臣等所请，止救穷夫饿殍，但能谋食少自存活者，皆不在例。今凤阳等处，麦根全无，将来尚未可知，倘前请截分南储一十万石得蒙准允，即合扣留盐银十万，贮运司别用，再照臣请盐利银三十万两，此特量处十分二三，余者留备朝廷缓急之用。丰凶有数，岂止今岁？灾患之来，不专一方。臣等备位大臣，岂敢独为一方之私，不顾国家大计？伏望皇上敕下户部早为议处，速赐施行，使今数十万生灵不至中途而弃，国家根本培养益固矣。

凶荒极甚饥民杀食活人激变地方疏

据两淮都转运盐使司草堰场盐课司申，据总催校儒等告称，切照本场灶丁饥民作号，昼则恃强放赖抢夺，夜则放火打劫，以致稍过之家，俱搬入场，贫难人户在团，并无颗粒谷食下肚，递相剐食死人度命，剐食尽绝，强杀其弱，少杀其老，非兵仗不敢行走。嘉靖二年十一月十八日，有总催朱淮在场，灶户黄敖、黄宁、黄三儿一家三口下场斫草，被雇工人杀死剐肉煮食。灶户纪材亦被雇工人同义女婿杀死剐食，又灶丁蒋潮将自己男蒋保儿杀食。并查各总杀食、饿死灶丁男妇黄敖、杨氏等一千一百三口，数目具告到司。据此，查得弘治十六年间，曾遇凶荒，蒙抚按衙门具奏，差山东按察司汪副使前来赈济，不分老幼男妇，每丁月给米三斗，本场救活人命不止千余百人。今灶丁死亡相继，遗下盐课，无人煎办。如蒙乞赐垂悯，早为赈济，以解倒悬等因，备告转申到。臣又据安丰、富安等场，各申前因，大率相同。据此案照先为处添钱粮，始终全活饥民，兼济军余，事理内一节。据丁溪场灶丁薛朋等告乞，开烧剩余盐，少救生命，已经具题去后。今申前因，会同总督漕运兼巡抚都察院右副都御史胡锭，看得各场灶丁遭此凶年，强杀其弱，少杀其老，雇工人杀其室长，女婿杀其妻父，甚至父杀其子，剐肉充食，天理、人伦灭绝已尽。若候奏请至日方才赈济，迟缓无及相应。查照臣等原奉敕谕，一切救荒事宜，悉听从宜，区处事理，一面行令两淮运司，将今二月秤掣余盐银两，先尽户部题准银五万两，赈济江北饥民，余盐银动支二万两分投，差官前去各场审验，极贫垂死，并次贫稍贫，灶丁，按季急为赈救，庶于未死灶丁得活一半。一则可免目前意外之忧，一则可为日后课额之计。如蒙乞敕户部，将今动支余盐银二万两，准为灶丁赈济。

传奉疏

嘉靖三年三月四日巳时，臣于凤阳府察院该百户王隆赍前事，职方清吏司案呈，奉本部送。嘉靖三年二月二十三日，该司礼监太监张钦传奉圣旨：桂萼、席书、张璁、霍韬，兵部便马上差人赍文行取，上紧来京。该衙门知道。钦此。钦遵。传奉送司案呈到部，拟合通行为此合咨前去，烦照传奉钦依内事理，钦遵上紧赴京等因，准此。臣闻命惊惶，莫知所措。臣切思朝廷行取臣等，多为大礼一事。臣于嘉靖元年春，在湖广巡抚都御史时，闻廷臣议礼未定，委实曾有前议，比欲实封上闻，随闻廷议已定，诏典已颁，旋复中止。不意主事桂萼曾得臣稿，缮写进呈，至尘御览，今奉行取礼，宜闻召奔匍，即日就道。缘臣本年正月初七日，钦奉敕赈济江北各府州地方，累荷，皇上轸念数十万民命，赈发数十万钱粮。臣宣布帝德，夙夜毕力，按图设粥，分职授事，尪羸者赈粥给药，穷困者散银给种，再月之间，垂命之民，初有生意。今春暮一月，正万民悬命汲汲惶惶之时，臣若一动，恐分事者不知臣筹，至有差移，数十万之命难保必全，皇上再造之德，亦未终矣。今主事桂萼、张璁、星夜赴京应命，倘蒙清问，数臣之言，即臣之言。伏望容臣暂于江北地方整理，使政务各有条绪，钱粮各有归着。至四月初时，度二麦有望，总赈一月银粮，可至五月食用，且使农务无失，秋成可期，民命可保万一。必欲臣应召，必待事完，造册奏报，臣即兼程赴京，庶于君命、民生两无误矣。臣无任战栗待罪之至。

困极地方连降灾瘟愈重民患疏

据直隶凤阳等府，滁州等州、临淮等县各申，据民人杨恕等告称，旧年旱涝相继，颗粒无收，冬春两季人民饥寒死亡过半，父母妻子不能顾藉，互相烹割，房屋拆毁，田地抛荒。幸蒙朝廷大发赈济，设粥给银，全活见存生命。去秋，颇过之家布种二麦在地，今岁三月初旬，正值起节含苞，不意屡降风霾黄雾，名曰地丹，致将二麦痿黄，不能秀实，将来民食、税粮，何为办纳？况今瘟疫盛行，一概传染人死，惨不可言。若不预先告明转达，诚恐临期派征，钱粮无从办纳。乞申上司，预为议处，奏请勘免等因，各申到。臣行间随据凤阳等卫，各申相同。臣驻劄凤阳，与巡抚都御史胡锭隔远。除移文会议外，臣看得今岁凤、庐等处，被灾惨毒，从来无此。仰赖圣明，大施赈济，臣等极力宣布，方望生全。初入三月，时雨连降，麦秋可期，奈入中旬，风霾忽起，麦多痿黄，加以瘟疫大作，死亡无数。臣等退食省过，民饥可以力救，天灾难以人为，臣无如何！惟叩天望阙，日夕垂涕而已。兹幸四月已交，瘟疫稍退，徐、颍以北，小麦犹可，凤阳等四府三州，即今雨泽不多，小麦已无子粒，大麦可望些须，至四月终旬，才得成熟。仅聊再月之生，终悬卒岁之患。况有等穷民，去秋颗粒未种，尤可痛心。凡此灾伤，举目尽见，不须循例检踏。如蒙乞敕户部，将今夏季各民税麦，并各军屯田子粒，宽此一季，免其追征，使得目前苟营生计，少舒困苦。皇上惠泽，始无疆，民命终得保全矣。

地方十分饥窘乞恩预处续赈以固邦本疏

本年三月二十五日，准钦差总督漕运兼巡抚凤阳等处地方都察院右副都御史胡锭，咨前事，准户部咨，奉钦依是，江南粮运，先到的准，截留正米，运耗米十四万石，分贮各仓赈济。近日运去银内扣除七万两，仍运送太仓交纳，其余准议行，钦此。钦遵。本日又准户部咨，为乞溥皇仁，以回天变事，该本部题准，淮、徐二仓粮米十万石，恐难如数相应酌处，移咨江北巡抚赈济，各该都御史将先后发去太仓，并动支余盐银两，截留南京水次，粮米相

兼，预备仓粮米赈济。缺少粮，合就将原议余盐银三万两，并淮
阳钞关银内，按月关支，不必给赈，其贫穷余丁，一体赈恤。如
淮、徐二仓粮米不勾一十万石，原拟余盐银五万两不必动支，漕
运衙门即便差官督发空闲粮船，添拨运军，星夜前去临清仓运粟
米。补数如已勾赈，不必再支，仍照席书原奏，将纳例等项银两补
还，尚有余盐银五万两，分派江北各卫，分准作官军俸粮等因，
准此。案照先为急救荒危民命事，准户部咨该臣奏前事，该本部题
准。若是淮、徐二仓见粮不多，及借支截留十万石不勾支用，即便
会同两淮巡盐御史，将两淮运司自嘉靖二年七月以后收贮卖过余
盐银内，量支五万两相兼前来，随宜赈给等因。又准户部咨，为急处
赈济银两，督责违误抚臣，以救困极饥民事，准户部咨该户科都给
事中张汉卿题奉钦依于太仓银库动支十五万两，分赈应天、淮、凤
等府。该户部差主事黄航送银一十万两，于本年三月初一日到于凤
阳等府交割。此时正系急缺接济之时，臣等随将前银十万，分发凤
阳府五万两、庐州府二万四千两、徐州九千两、滁州八千四百两、
和州四千九百两，派剩银三千七百两，收贮凤阳府库，听补各项急
缺。又将余盐银五万两，就近派给淮安府三万两、扬州府二万两凑
数赈济。今奉钦依，将运出银两扣除七万两，运送太仓，又将余盐
银五万两、分派江北各卫所，准作官军俸粮。缘系前项银两，俱分
派各府洒派各州县，通给三等贫民。今岁难比往年，即今三月已
尽，运米多未到淮，设无前银，专候漕米，决难济急，不无有误民
命。又查得原准淮、徐二仓各米五万，随据二仓主事郑建、洪珠
开报，徐州广运仓止有本色小麦二千一百二十一石五斗七升，折
色麦银一万二百五十三两九钱五分；淮安府常盈仓止有本色小麦
一千九百七石九斗二升，折色银一万二千九百七十三两五钱三分。
臣于徐州仓止支本色小麦二千一百二十一石，折色麦银二千九百
两，就近给与徐州并徐州左等卫；淮安常盈仓止支折麦银六千五百
两，就近支与淮安府，并淮大等卫，总计二仓本折二项，实筭支银
一万一千四百两外，因二仓粮少，案候后来时势缓急，斟酌应否动
支。又今江北官军缺粮，前项盐银五万已支赈济，亦须会处其江北
赈济钱粮，臣尽新发太仓银十万、余盐银五万，原截分南京户部漕
米十万，除三月分计日放赈外，再于四月以后行。各分管郎中，总
赈一次，扣筭仅可接至麦熟。但今凤、庐等出大麦颇可，小麦难
望，后来时势，尚不知何如？合无臣会同都御史胡锭，计议以后，

二麦半有可望，米价渐平，将前米仍运太仓，或米价未甚太减，将漕米十四万派发各府州，每石卖银七钱，以平米价，将卖过银两仍送太仓。如是二麦无收，岁饥愈甚，另为会请，其缺少军粮，及支运临清粟米，亦另计议。上请定夺。

处置荒政以励人心疏

据直隶凤阳府儒学教授林一凤呈，本职蒙委怀远县兼同知县林辂赈济，照得见行事例冠带一条，专为急处重大灾伤而设，各州县未奉之先。彼时官银未到，率皆劝谕银粮，以救民命，有一户而出银三五十两者，一户而输粟数百余石者，皆系尚义之家，及事例一行之后，奔趋上纳冠带者，多系原日不从劝谕之人，不过苟求冠带，炫耀乡间，以荣终身，其义安在？即今各处二麦俱丹，如卑职委用怀远，近日协同知县为民祈祷，虽然得雨二次，仅能救二麦三分之一，将来秋成，未知何如，合无准行各府查勘所辖州县，有未奉之前，输银粟四十两以上不愿归还者，准令给与义民冠带荣身，庶使义利有辩，人心悦服。万一更有劝谕，则人知趋义，此尤今日之急务、理财之预谋也，等因具呈到，臣卷查先为缓爵赏、急民穷以服人心，以图治安事，该户科等衙门题奉钦依内开一劝借富民出粟前项，被灾地方军民人等有力之家出粟千石赈饥者，有司于家门首竖立义民坊牌一座，以旌其贤，仍给与冠带，以荣终身；及有能出粟借贷者，官为籍记，丰年加息归偿，不愿加息者听，仍照近日题准事例；纳银二十两者，授以冠带义民；三十两者，授以正九品散官；四十两者，授以正八品散官；五十两者，授以正七品散官；以荣终身，仍免本身杂差。有司以礼优待，不许分外差遣，给文执照通行外。今据委官教授林一凤呈称：未奉事例之先，劝谕尚义之家，有出银三五十两，粟四百余石以救民命，及奉事例之后，上纳冠带，多系原日不听劝谕之人。要将先日出银输粟四十两以上，准给冠带义民荣身一节，讫诚可以裨益荒政，可以激励人心。如蒙乞救户部，合无准其所言行，令江北各府州，先日出银四十两、粟百余石，照银粟多寡，分品级给与冠带荣身，有司以礼相待，若系旧日曾经纳有冠带，止用花红羊酒奖励，以后遇有荒年，人心知劝，而荒政有口矣。

赈济文册疏

臣钦奉敕差江北直隶凤、庐等各府州赈济，依奉会同抚按衙门，除各府州县先将存积劝分等钱米，自嘉靖二年十一月起不等，按月给赈外，臣等续将户部发到太仓折粮余盐等银，自嘉靖三年正月起，分别三等：贫民、极贫者，正月至二月终，止专一赈粥；三月初一日至十五日，半粥半米；三月十六日起至月终，每五日赴厂，给米一次；自四月初起，总赈银米一月，接至麦熟。次贫、稍贫人民各按等给银一次，或听买米接食，或听买种布种。即今四月过半，银两俱已散支，惟漕米十万来迟，时下给散，以济青黄不接，俱有定口、定数。但食粥饥民并各卫所军余，约有五十余万。次贫、稍贫亦近四十多万，所造文册，必须按月按日备开。各厂旧管开收实在花名，设若不开花名，事关钱粮，恐无稽考；设将部册并各土司衙门文册俱用花名，计除各衙门外，送部文册每一州县卫所，各一大本，先用六七十本，费用纸张太多，亦非救荒事体。臣窃计筹合当预行府属州县并卫所，各造按月按日备细钱粮花名文册各一大本，送赈济侍郎处查筹，大数无差，就将本册发下，四府三州，类造所属各州县某厂某月赵甲等各若干、某日钱乙等各若干、用银买米若干，不用旧管新收，开除实在。四款用府州印信，其七本送赈济侍郎，类送户部，就将花名一本发与各府封收在府查考，赈济侍郎总类各府要略一本，奏缴其巡抚巡按等衙门，各府止类总数，似册申呈附卷备查，庶于钱粮不废查考，纸札不致滥费，而民财亦少省矣。

乞恩辞免升职疏

嘉靖三年四月二十日，臣于凤阳府察院偶读中报，内开吏部一本，为缺官事。本年三月二十五日，该本部题奉钦依南京兵部右侍郎席书，升礼部尚书，着上紧到任管事，钦此。臣欲候咨文到日，诚恐迟误奏报。臣稽古周官宗伯，即今礼部尚书，位重六曹，阶崇二品，非素望隆而不授，非年格至而不迁。臣叨际圣明，累历台部，登进士科，虽更三十五年，历侍郎俸未满三十六月，兹蒙纶命，擢升尚书，臣才资不逮中人，品秩越迁多士，闻者惊诧，见者骇观，臣始谓出风闻，继知实由天简，臣神魂失舍，语笑如痴，宰夫岂可屠龙，小人焉能负乘，非分之福偶至，无望之灾必临，况兹邦礼实应文昌，昔岁固无常规，近年多推翰苑，臣历外补，非自中储。或钱谷，或甲兵，臣合分理；曰文章，曰礼乐，须付名流。臣本俗儒，原非古人之学，偶于口语谬契圣人之心，虽天德固无不容，而舆论实有不惬，前蒙钦取，已来干进之讥，今被新恩，愈重冒窃之议。顾臣何德，误蒙主知？受人知者，尚为许死；受主知者，敢不捐躯？奈臣迩因赈济过劳，风寒伤重，正资饵药，难强登程。伏望皇上察臣初心，悯臣愚悃，乞敕吏部将臣仍改侍郎，将原推大臣升补本部，则臣心神无怍，疾疢可瘳，上可以报一人，下可以息群议矣。臣不胜瞻望，恳乞之至。

困极地方重以旱灾十分可虑疏

臣奉命赈济江北凤、庐等府，切照本地方自去岁八九月来，人民相食，父子不顾，灾变非常。幸赖朝廷大发钱粮，差官赈济，已死固难追救，未死幸得苏生，盗贼全消，地方无事。今岁二月中旬，颇有雨水，比至三月，天道亢旱，瘟疫大兴，庶民死者无筭，官吏死者亦多，小麦尽丹，大麦薄敛，不勾两月之食。即今四月已尽，雨泽未沾，稻种未布，人心皇皇，再过十日无雨，秋谷决无可望。上年，在官颇有旧积，在民犹可劝分。今贫富一概困穷，公私一切穷诎，根本重地，百万生灵之命危于朝露。事势至此，十分可虑。臣日夜焦思，莫知所措。如蒙乞敕户部，早为经画，备行巡抚都御史，广集众计，预处钱粮，无似上年人死将半，方为议赈，未免过时失事，莫补燃眉之急，徒重噬脐之悔矣。

赈济事完类总具报疏

嘉靖三年正月初七日，臣奉敕赈济江北凤、庐等各府州地方饥民，依奉选带郎中王志善、龚守愚二员，前来该地方，会同钦差总督漕运兼巡抚凤阳等处地方都察院右副都御史胡锭、巡按直隶监察御史刘栾，计议赈恤。随将户部等衙门议发原拨折粮余盐、太仓等银，给发各府州县，正月二月分，每大县约派银二千两，中县一千五百两，小县一千余两，银有限而饥口无穷，总数多而分散实少，将按册放赈，里书难凭，将沿门散给，情伪莫辨。况州县中间能办一食者，尚可少延旬月，而张口望哺，悬命旦夕之民，乡不计千，邑不计万，得一食则生，缺一食即死，投饥之际，缓不容刻。欲候计策十全，少延旬余，人死不知几十万矣。臣百虑千思，无可应急，不得已仍照原奏赈粥事理，星行州县，先救危亡，次恤穷困，来不按其图册，数不额其多寡，一举之间，望哺者即可入口，悬命者即可延生。臣与抚按官员并力协心，当即画为条约：凡一州县，约二十里而兼数村，约三五村而并一厂，每厂不过五百余数，每灶额供二十五人，日给二餐，人米六合，管以殷实富民，兼以贤良耆正，如星罗棋布。县无不设之处，村无不食之人，州养州民，县归县土，又举致仕等官，遍访各乡老弱者，沿村给粥，病卧者沿门散米，尚虑生理有妨，春农或误，正月早晚二餐，令其食尽，午餐听其带回。三月初起，半粥半米；三月中后，五日赴厂，给米一次；至四月初起，上半月一总给银，下半月一总给米，接至麦熟。其次贫、稍贫之人，随地缓急，次贫总给银六钱以上，稍贫五钱以下，或听买种食，或听给牛口。自朝廷发赈以来，正月中后，村厂初设，井灶粗具，壮扶老来食，母携男奔厂。五日之前，死者尚多；七日之后，死者日少。二月初，家居者无复外徙，南流者日渐还乡，痿黄者日有人色，尪羸者觉有生气。市无卖鬻男女，路无抛弃婴孩，昔之杀人煮食、掘尸刮肉者，今有粥可生，不复骨肉相残矣；昔之纠众借粟、合群抢市者，今有粥可养，俱听抚就厂矣。至四月初旬，麦青可望，方庆生全。不意瘟疫大作，贫富病死，十有一二。至今四月中，实赈过户部银两三十七万三千一百余两。至四月中后，散给漕米十万石，总赈极贫、次贫、稍贫饥口共一十八万五百八十三名口，中间次贫三十四万三千三十八名口，稍贫一十六万六千八百八十二名口，或产薄食缺，有有产无收，皆得保全生业，不至流徙。其极贫食粥六十七万六百六十三名口，此皆命垂旦夕，势委沟壑，所谓必死中得生，皆皇上至仁所及，不可诬也。使非天恩旷荡，圣心忧惶，如救水火，臣知如凤如庐如滁如泗，村市必绝人烟，室庐必皆鬼魅，求如今日不可得矣。所恨穷乡破屋，流亡未复，莩饿难免，此臣心目未到，宣布未周，万死有余辜也。至于天瘟时疫，贫富多至病死，官吏间莫能逃，此谓"大荒之后，必有大疫"。力夺造化，臣实不能也。臣计皇上于凤、淮之民，未赈恤之前，死沟壑者十三人焉；计全活之后，被瘟灾者十二人焉，此有数焉。古之君人者，修德可以回天，积诚可以易命，殆未可归诸数也。臣谓："欲其救民于垂死之际，不若储备于未死之先。"此臣切望于今日也。今将各州县备细花名文册各一本，照臣原题事理，发仰各府州收照，仍行各府州，各类造一本咨送户部照查。今照各府州文册，俱各造完，拟合总类完报。计开赍奏类造文册一本，实赈过银两三十二万七千一百八十三两五钱四分，漕运米五万三千二百七十六石一升，赈恤过贫难饥民五十万九千九百二十名口，全活过垂死饥民六十七万六百六十三名口。

旌举赈济部属官员堪任方面疏

臣钦奉敕谕选带南京部属官二员，上紧前去江北地方，严督所属，极力赈济，钦此。访得南京兵部武库清吏司署郎中事主事王志善，心力精敏，才识优长；南京刑部贵州清吏司署郎事主事龚守愚，志行端方，事体谙练，俱堪选用。除咨二部，移委各官，前来随带江北地方。王志善分理二府徐、和二州，龚守愚分理淮、扬二府并徐州。各官俱能仰体德意，首救垂亡。次恤穷困，或视饘粥而必亲试尝，或散银米而必察等第，访询官吏之奸欺，痛革里书之痼弊，无偏邑不到，无村厂不临，虽时气传瘟而不避，虽奔劳成疾而不辞，所赈恤过贫难饥民各二十万所，全活过垂死饥民各三十万众，是固帝德之诞敷，实亦诸臣之播布也。如二臣者，若使宣政一方，独当一面，必能办集庶事，康济庶民。如蒙乞敕吏部，将王志善、龚守愚拔于部署之间，擢居藩省之列，俾各得伸志向，得展才猷，一举而旬宣得人、贤能知劝矣。

荐举府州贤能赈济官员疏

照得今岁江北大荒，发政施行，固出于九重，承流宣化，实资于诸郡。故郡守者，诸邑之长帅，百姓之具瞻，畿封内尤倚赖者。今赈恤之政既毕，旌嘉之典须举。今访举得直隶庐州府知府龙诰，义仓已预于常年，赈务毕举于荒岁，视民焚溺如身，虽古循良无让；扬州府知府易瓒，赈恤有术而内境无遗，区画多方而外来兼济，维扬得此良守，淮土真堪保障；凤阳府知府曹兰，内惟诚心养民，外不趋人誉己，上官视之为常流，下民戴之如父母；淮安府知府于桂，才识通敏，干济优长，处要冲而活民之政固伟，入巢穴而抚贼之功尤奇；滁州知州陈则清，才优而委用各当，政善而处置有条，群奸莫逞四境获安。为照江北地方亿姓惶惶，懼兹凶苦，要为数百年变故之非常，诸贤表表聚此王国，实为数百万生灵之寄命，伏望皇上念民生为至重，人材为甚难，乞敕吏户二部查各官功能及各年格，或擢参藩政，或擢金臬司，或量加品职，仍管府事，庶群牧风励，各重民命矣。

旌举赈济庶官以重民命疏

去岁江北大荒，幸赖朝廷沛德弘仁，博施济众。总赈者，虽臣一人；分赈者，实资庶职。今被灾地方，幸脱危困，效劳各官，须应荐扬，除各府正官及各官应奖应刻者另行外，今访得扬州府高邮州知州谢在，去任而攀挽真如所生，留赈而焚溺真如由已，似兹有用才能，不宜置之闲散，凤阳府灵璧县知县王仪，穷饿就养于富民，赈恤不恃乎官帑，经济有策，器识不凡。凤阳府儒学教授林一凤，协理邻封，处牛种五百锱以给耕农，赈施余裕，处房屋三千间以安流徙，端亮可备台选，子良终为循吏。以上三人，平时各存爱利之心，临事各有设施之效，小试如此，大用可知。凤阳府同知何东莱，淮安府同知朱方，庐州府通判萧子良，此府佐中督赈之可称者。扬州府通州知州张承恩，庐州府六安州知州欧阳德，凤阳府霍丘县知县苟谦，虹县知县陈贵，临淮县知县陈悌，蒙城县知县郭鄯，颍上县知县廖自显，泗州判官林希元，庐州府舒城县知县刘钦顺，扬州府宝应县知县刘恩，兴化县知县陈洪范，和州含山县知县郑庆，此州县中专赈之有声者。庐州府儒学训导彭镛，巢县教谕许仁，此教职中分赈之有能者。滁州卫经历伍朝用，徐州卫经历马钺，此首领中委赈之有劳者。以上二十一人，亲民之职，各举活人之功甚多，官守宣勤，贤能允称，伏望皇上轸念国以生民为本，官以救民为贤，乞敕吏部，将各官系府佐者擢补正员，知州知县教职或擢金臬司，或擢备台谏，系首领者亦授牧民之正，则劳绩少旌，贤能知劝，百司群牧，各以民命为重矣。

卷之五　论　策问　策　书札

孔子作《春秋》

孔子之作《春秋》，其欲白是非以告天下乎？欲告天下而使天下皆知当时之是非，故文不可不简，笔不可不严。笔不严则文不简，文不简则事不明，而天下之是非，未易见也。韩愈氏曰："《春秋》谨严。"余曰："《春秋》易简。"易简而《春秋》之法无余矣。嗟乎！《春秋》以易简而告天下，天下以烦刻而求《春秋》。甚矣！天下之误于《春秋》也。夫子所以作经之故，孟氏固言之矣。其曰："王者之迹熄而《诗》亡，《诗》亡然后《春秋》作。"此其故也。其曰："世衰道微，暴行交作。臣弑其君者有之，子弑其父者有之，孔子惧，作《春秋》。"此其故也。孟子言其故而未申言其故，后之儒者不但不晓其故，而又误读其言（误天子之事为行天子之事），以至于今。惑之甚矣！天下之误于《春秋》也。以今言之，昔周盛时，是非大明于上，有邪必远，有恶必诛。东迁之始，是非邪正犹有知者。《春秋》不作可也。逮夫平王践位日久，黍离降，雅《诗》亡，王室卑于列国，齐、晋气盖乎天子，徐、楚、吴、越拟尊号以坐朝诸侯，礼乐征伐初降于诸侯，再降于大夫，再降于陪臣。天下大政，中国大势，始而齐，继而晋，继而楚，又继而吴越，日趋日下，日变日衰。其大者，臣有弑其君，子有弑其父。呜呼！至此极矣。天下不以为怪，率以为常者，何也？是非不白故也。夫生人之赖以不朽者，人纪也。人纪所以立者，是非之在人心也。是非不彰，则邪正莫辩，邪正不辩，则乱贼可容；乱贼可容，则人纪不立，而生人之类灭矣，是可不惧乎？孔子生逢其时，怪其事之非常也。故取鲁史，纪载当时之事，因而作之，使天下后世考见当时之是非，庶人心之不死也。然史文浩瀚，纪一人，书一事，记一异，或千百言，或百余言，通始终计之，又不知几千万言。事不该载，或滥附于中，事当存录，或脱漏不纪。事有当详当略，或去取不一，微或不彰，幽或不显，疑似者或不得其情，大恶或逃名，小过或受罪，甚而乱臣贼子不蒙篡弑之名，而天下之大是大非未易一目而骤见也。于是乎削其繁文，去其污滥，撮其大旨，提其领要，一事而约于一句，一句而约于数字，一句一字至谨至严，微者显之，阐者幽之，乱臣贼子目其名而直书之，举纲而不详其目，举干而不究其枝，举经纬而不数其文缕，二百四十二年之事，约束于一二策间，使人不终日间披而阅之，而天下之大是大非如大明当天凡有目者皆见之也。由是而乱臣贼子知其分不可犯，罪不可逃，恶不可灭，寒心缩首而不犯矣。有犯之者，天下后世皆以乱贼目之，而天理幸未灭也。以今观之，书盟知其私盟，书会知其私会，书伐知其擅伐，书战知其擅战，书朝聘知其失节，书郊祀知其失礼，书蒐狩知其失时与地，书星目知畏乎天变，书水旱知警乎天灾，书饥歉知闵乎民命，书台观知重乎民力，而凡一草一木，无大无细，无所书而不参于前。至书某国弑君，某人弑君，虽三尺童子，能读圣人之文，亦知君父不可弑也，则亦不俟乎，褒之贬之、予之夺之，而后知其为善为恶、为邪为正也。甚矣！天下之误于《春秋》也，不观大法，不究大本，见其经之作也，而曰："夫子欲假天子之柄，见其文之约也。"而曰："夫子欲严一字之法，见其书法之异也。"而曰："夫子欲褒乎善，欲贬乎恶，欲进退乎贤否，欲诛赏乎有功有罪，遂使圣人昭告天下之典，为后世御制刑律之书。"甚矣！天下之误于《春秋》也，文之不齐，文之势也，亦制作之法不能有不然也。今必拟于一字之文，亦又并其文而误之。其于《春秋》义，日益远矣！或曰："子安知《春秋》之作为欲白是非以告天下也？"余以当时之事知之也，予以《春秋》之文知之也，予以孟子、韩子之言验之也。窃尝论古今知《春秋》者，孔子之后，吾取于孟子，孟子之下吾取于韩子，孟子知《春秋》之故，韩子知《春秋》之文。二大家之外，识乎其小者有矣（如唐之啖赵陆庐，宋之刘原父辈，皆谓识《春秋》之文者也），识乎其大者未之闻也。《春秋》之道，奈之何而明也？去繁难，从简易，阁三《传》，扫百家，而后《春秋》之大道可寻矣。予故曰："《春秋》以易简而告天下，天下以烦刻而求《春秋》！甚矣，天下之误于《春秋》也。"

《春秋》天子之事

孟子曰："孔子惧，作《春秋》。《春秋》，天子之事也。是故孔子曰：'知我者其惟《春秋》乎，罪我者其惟《春秋》乎？'"此数语者，千万世《春秋》之宗旨也。惜乎后之儒者误读孟氏之言，遂使宗旨一失而百家之纷纷者出矣。谨按孟轲氏本谓孔子惧乱贼纵横，是非莫辩，故取《春秋》之文，削其繁污，笔其领要，以白天下是非，而后乱贼知惧，此《春秋》所以作也。然《春秋》，鲁史也，鲁史所载礼乐征伐，皆天子事也，其曰“天子之事”，犹曰“天下国家之事也”。以天下之事，国家之政，司吏职可以作之，奉王命者可以作之，孔子不在其位，不可得而作也。是故知孔子者谓有惧世之心，不知孔子者谓有出位之罪，孟轲氏之本意也。读《孟子》者，乃曰：“孔子作《春秋》以寓王法，惇典庸礼，命德讨罪，大要皆天子之事也，知孔子者所云似矣。罪孔子者，谓无其位而托二百四十二年南面之权，使乱臣贼子禁其欲而不得肆，则戚矣。”直谓夫子欲代天子之赏罚也。呜呼！什经而至于如此，则亦无所不至矣。孟子所云，《春秋》天子之事，而孔子作之也；世儒所云，《春秋》天子之事，而孔子行之也。孟子所云，孔子作《春秋》，以明王道于世也；世儒所云孔子作《春秋》以任王法于身也，呜呼！什经至于如此，则亦无所不至矣，此非直文定之言也。《公》《穀》以来，盖已有之，至文定则大著矣。考亭平日论议《春秋》，大不类此；至释天子之事，复取文定之言。是盖一时之所采，非终身所持之定论也。尝读文定《春秋》数十万言，君臣之分，夷夏之辩，王伯之别，义利之旨，本诸性道，发诸言议，刚大之气塞乎天地之间。自《春秋》以来，未有也。然而，识者穷其所论，与仲尼所书不能无抵牾者，褒贬之说惑之也！褒贬之说生于赏罚之义，赏罚之义出于托南面之权，托南面之权则《春秋》天子之事。一言误之也。自夫儒者一言之误也，遂真谓孔子假《春秋》之权，行天子之事。是故吴楚降王爵而为子，秦晋贬侯伯而为人，子突下士、进勋阶于大夫，咺纠大臣退等列于中士，善者赏之，恶者罚之，乱臣贼子秉铁钺以诛之，宛然王者被衮冕于明堂之上，而进退乎百官也。呜呼！诬亦甚矣。吾不意仲尼之圣，所为一至此也。然犹可也。至谓“春无王以著天下之无王，王无天以贬王者之不天”，是夫子非特行天子之事以赏罚乎诸侯，而又行天之事，以赏罚乎天子也，夫子将为之乎？夫子不为天以赏罚乎天子，则亦不为天子以赏罚乎诸侯也，其为诬也，则亦不俟辩矣。且天子之事，岂惟《春秋》？马迁之《史记》，班固之《汉书》，温公之《通鉴》，朱子之《纲目》，凡为史者，皆天子之事也。今必曰然，岂数君子者，亦欲托诸史，以行天下之事乎？其为诬也！则亦不俟辩矣。或曰：“作《春秋》，非僭乎？”曰：“僭。虽然吾所谓僭也，异于是。修史者，史官也，非天子自为史也，圣人之僭，非僭天子也，僭国史也。”或曰：“如子云言‘《春秋》之法’安在？”曰：“吾所谓‘《春秋》之法’，异于世儒所谓天子之法也。彰善恶以垂天下之惩劝，辩是非以训天下之去取，此《春秋》万世之大法也。”如必曰然，吾不敢以诬《春秋》也，夫以万古之《春秋》坐一言之乖误，以至于今，莫可易者，此余所以不避迂朽而过为论也。不知孔孟再作，将取于余言否邪？

夹谷前

孔子相夹谷之会，仲由毁强僭之都，众皆颂之，而有识者疑焉。夫经有不俟传而可考者，夹谷之会，郈费之堕是也。两书平会之后，而继以齐来归田，则齐田之归，归以平也，不平则不会，不会则不归也。两书围郈之后，而继以堕郈，及费则郈费之堕，堕以叛也，二邑不叛二氏，二氏亦将资为保障而不堕也。三传乃谓夹谷之会，孔子相，齐人悔过，惧归鲁田，仲由为季氏宰，将堕三都，于是堕孙堕郈及费。谓兹二举皆出孔子、仲由之谋也，是果然哉？大凡兵生于怨，怨生于所不平也。齐既平矣，胡自复有莱兵之劫哉？古之君子，固有从容谈笑之间，折冲千里之外者。传载夹谷之会，齐出莱兵，孔子历阶而升，不尽一等，视归乎齐，俟说以十数余言，且曰“而不反我汶阳田”，罢享礼，诛侏儒，目动神怒，殆类曹刿齐柯之盟、樊哙鸿门之会，于圣人气象，大不概也。自左氏作之，公、穀附之，儒者从而争颂之，曰：“仲尼一语，威重三军，信非大圣人不能也。”是岂惟圣人哉！其在春秋、战国，申包胥、蔺相如、郑子产、苏秦、张仪、李左车，郦食其之徒，皆足以优为之矣。岂惟圣人哉！二氏欲堕二邑，移辰堕之，孟氏不欲堕成，公围之而不克也，以此见进退不在公，而在三家也。而谓由孔子哉！郈、费克而成不能克，何孔子长于郈、费，短于谋成也？臣举之则易，君举之则难，孔子仕鲁，岂什君而臣是助乎？三家季氏最强，孟氏最顺，未见行于强者斯易，行于顺者却难，若曰有能有不能，圣人之化，未足神也。所谓圣人者，固将异于人也。堕郈、费而至于命将帅师，策已下矣；费人入及公侧，计已疏矣。仲尼命申句须、乐颀[1]下伐之，而仅免，功亦卑矣。斯亦无异于人也。夫子则曰：“远人不服，则修文德以来之。”圣人若果用鲁，成人不服，固将明分义以谕之也。谕而不来，将唱其罪以讨之乎？

---

[1] 底文原作“硕”，误。

将轻千乘之主，犯矢石以围之乎？既围矣，夫子曾不出一奇策，擒处父，而诛于两观之下，至无功而还，威亦亵矣。后之人见围成无功，诿之公也。向使成叛孟氏，孟氏帅师堕成，必不重劳鲁公之围也。后之人，追见围成之事，不以归孟氏，而以归仲尼，多见其因成败以附人也。且曰堕曰围，皆非有道时事也。苟以堕都为功，夫于同于用鲁之年，既专堕都之功，当服围成之咎，儒者不究所从，功则归于仲尼，过则归于鲁定，设令仲尼再生，必不诬功于已假。曰："围成之时，孔子去鲁。"其与《史记》所载孔子十四年为鲁司寇，季桓子归女乐而后行其事未合，可尽信哉？其诸好事者，见吾夫子备帝王之德，不得一日小试其政，故借夹谷之会，以神孔子之功，而不知非所以尊夫子之道也。或曰："夹谷无孔子，堕都无仲由乎？"曰："谓有孔由可，谓出孔由不可，曰：'孔子之仕如斯而已乎？'曰："此正不必出孔子也。事不出于孔子，奚害为孔子仕哉！"今夫济人者，舟也，非天也。有欲颂天之功者曰："天也，非舟也。"以夹谷之功归大孔子之圣，奚异指舟之功为天之功哉？正唯不知天也。

夹谷后

自有夹谷之会，尊孔氏者皆曰："孔子拒强齐，伐叛费，文事武备于此见之，巍乎大哉！"是岂知孔子哉？孔子所以师万世者，岂惟此哉？立言者将曰："孔子悲凤麟之不至，作文教以启天下后世之人。"惧天下后世谓我夫子周于文德，缺于武事，不足以绝古今、重尊仰也，故为斯言，使凡世人知我夫子具文武之全材，诚帝王之师范也。不知孔子之大，岂惟此哉？今夫天，日星之布其文也，雷霆之威其武也。天之大，岂惟此哉？其在圣人，武固一艺，文亦一艺。孔子，圣人也，非文人也，誉孔氏以文武，将以孔子为文人乎？子贡曰："固天纵之将圣，又多能也。"所谓"多能"，已非孔子之极者，况以其一而状之哉！居孔氏之门，以好勇名世者，曰子路，以文学名科者，曰子游、子夏。设以武人而目子路，以文人而目游、夏，三子者，固将怫然不居矣，而谓孔子居之乎？今必以文武而赞孔氏，欲尊之反卑之，欲大之反小之也。尊孔子者以道，孔子之道，尧、舜、禹、汤、文、武、周公之道也。道在舜禹，揖逊神受，道在汤武，牧野鸣条。易地皆然，夫岂二哉？道即太极。太极，包万变而无外。孔子，太极也；所谓文武者，固一以

贯之矣。孔子曰："天之将丧斯文也。"所谓"文"者，道德之文
也，非"文武"之"文"也。后世吕孔二纪，文武两途，且谓孔庙
曰文庙，谓吕庙曰武庙，正所以谓文武者当之矣。道之不明，其有
自也，文武果足以名圣？秦汉而下，英杰之君，固有武戡祸乱，文
致太平。其臣之出将入相者，往往有之矣。岂必孔氏哉？斯议也，
作于左氏，附于汉儒，后人因而尊大之也。《左传》附载，诬媟祸
福，《家语》儒行诸篇，皆《语》《孟》所不道者。以彼之谬，质
此之疑，不可一二尽信之矣。设或有焉，愚既陈于前矣，固不足以
尽圣人也。左氏、公、穀数君子者，未闻圣人之大道，其所侈大之
言，则亦不足试也已。

获麟前

世儒于获麟之疑，迄无合一之论。或曰："感麟而作，因以为
终。"或曰："制作三年，文成麟至。"兹二说者，吾从谁欤？往
尝与博文好古之士，尚稽遗经之疑，时遭一人焉，专于格麟之说甚
固，时遭一人焉，专于感麟之说且坚，仇论频年，莫能下也。比岁
都水淮阴，有舣舟清浦问予者，曰："格麟之说，信然欤？"予
曰："未也，此过于尊圣者为之也。"为斯说者，其必曰：夫子之
文，成于哀公十三年冬，至十四年春，麟遂出也。斯言也，可以语
中人，不可以语上智。其诸好事者，崇奖圣经之过，故为侈大之
言，谓圣人神化，建天地而不悖，质鬼神而无疑。不知所谓圣人
者，正唯无险怪以高人也。夫谓《春秋》成而祥麟至，言已奇，事
已怪矣。文以冬成，麟以春至，时之的会，事之后先，曾无一爽，
奇怪亦又甚矣。谓文成于十一月冬，是夫子于所际之月书所亲见
事，安知非后时而书乎？就以所见而书，安知夫子之文，果必终于
此乎？绝笔于获麟，犹曰以麟故也，绝笔于十二月螽，将谓何欤？
驺虞麟趾，周召之得邦家者，夫子不得邦家，而后有《春秋》之
作。岂有穷者制作能致达者征应欤？圣人能使天道必应于己，顾不
能使天任己作东周之盛，易天下之人乎？他经万世之功，不在《春
秋》之下，麟之出，设果有为将为圣人出，不专为《春秋》出也。
况实无为乎。此格麟之说，吾无取乎尔也。或曰："格麟之说，既
闻命矣，敢问感麟之说何欤？"曰："似亦未也。"夫子作《春
秋》，盖其生平之志，非以一朝一夕故也。幸而麟出，《春秋》因
而作也。使终其身，麟不出，《春秋》岂终不作乎？幸而麟出，是

年《春秋》因而终也。使当其年不出，《春秋》当何止极乎？或谓《春秋》固终作，特缘是有发也，此亦不得其说而牵会之也。按鲁哀公十一年，孔子知道不行，而自卫反鲁，十三四年正其删述六经时。又按夫子没于哀十六年夏，麟出于十四年春，使麟出于哀公初年，夫子虽有感而不暇作也。使麟出于十五六年，夫子虽有感而无从作也。《春秋》之作，或于获麟之年，或于麟先，或于麟后，皆不能必知也。若夫子有意而止于获麟，其有感于麟必矣。其或无意而偶止于麟，是年之后，或以疾而不能续欤？或以没而不及续欤？或如朱子注《大学》，至"诚意"章而卒欤？此感麟之说，亦未喻于人心也。或曰："二说不同，是非必居一矣，吾子皆不之从，何也？"曰："无据。"曰："子有据乎？"曰："《孟子》。孟子曰：'《春秋》成而乱臣贼子惧。'圣人以乱贼之惧为功，不以麟出为功也。"曰："《诗》亡然后《春秋》作，《春秋》之作，以《诗》亡也，非以麟也。"曰："孔子惧，作《春秋》。《春秋》之作，以惧乱也，非以麟也。予尝言曰：'《春秋》之作，不以麟。麟之出，不以《春秋》。'非予言也，《孟子》先言之矣。"

获麟后

鲁哀公十四年春，西狩获麟，夫子书之，《春秋》终焉。作传者，皆曰："麟为孔子出也。"更二千年，百喙千诺，民到于今不朽，是其然乎？予闻人曰："麟产周末，子适丁之；麟出鲁西，子独泣之。"凡以麟为孔子者，人甚悦之，予亦悦之，退而中夜以思，卒无取也。又闻人曰："获麟者经，泣麟者传。"书之者无心，读之者有意。凡以麟非孔子者，人甚厌之，予亦厌之，退而中夜以思，卒有取也。尝持此而试之天下，从予鲜，而从于彼者三分其二，彼亦有见，而言非无谓也。其言曰："惟麟惟凤，圣王之匹。周既东矣。德既下矣，搜罗当世，舍鲁谁之，舍仲尼而谁之？"是谓理似之言，天下谁不乐而听也。君子曰："不然。"圣人有麟，必建天地而不悖，必质鬼神而无疑，斯道也，不曰王天下者然乎？抑穷为匹夫者皆然乎？仲尼不能南面天下，操礼柄，驭乐器，纵横天地之道，幽赞神明之德，麟孰从而来诸？《易》大传曰："大人者，与天地合其德，与日月合其明，与四时合其序，与鬼神合其吉凶。"自羲农迄于孔子皆然，伏羲、神农、黄帝、尧、舜、禹、汤、文、武、周公，达而在上，故"先天而天弗违，后天而奉天时"。时有麟凤，势也，宜也。孔子不能达道于时，其谁为以先之，其谁为以后之，时虽有麟，吾不知也。君子见周衰，不足以当麟，故以归于鲁；鲁不足以当麟，故以归于仲尼。若果麟非周有，必仲尼然后当之，秦汉而下，麟凤登于传史往往有之，其他载籍未纪、耳目未经者尚众。当其时，岂必有文明如尧、舜者。飞龙在上，又必有文明如孔子者。潜龙在下，而麟凤频出如是耶？近代麟出两河之间（成化间出卫辉，弘治己未出），又其所目见者，即是而观，将谓世无瑞邪？经有明言（《易》曰："河出图，洛出书，圣人则之。"又曰："幽赞神明，而生蓍。"《书》曰："天锡禹以洪范九畴。"又曰："箫韶九成，凤凰来仪。"），吾未知也。将谓世有瑞耶？稽之后世，麟凤大繁，吾未知也。将谓世有瑞而麟非邪，相古无言，吾亦未之知也，是或有谓于间者。予窃揣夫麒麟、凤凰亦炉造之常品，世不必于太平地不择于文献，特不如虎、豹、牛、羊、鹰、鹯、鸡、雉之类之多耳。就二物言之，凤无时而无，治出中州，乱栖海隅间，有非时而见者，乃经天汉拚扶摇而偶尔翔集，非谓世文明而至止也。麟无种，托牛马以依形，形既生而遭时不同，有生而神完寿永，为国作祥者，圣人在上，天下太和故也。有生而或胎而殇，或形而夭，或挺①身而死者。时无明王，乖戾不和故也。故生于春秋之前者为仁、为义、为灵、为瑞，生于春秋之后者，类多沟壑之物。君子于麟，不但可以观时之盛，而世道之衰，亦从是以占焉。麟出而获于西狩，或死而获，或获而死，时衰道丧，亦甚白已。故麟出于周，常也，非怪也；麟获于狩，怪也，非祥也。使麟果祥而非怪，夫子宜书曰："有麟出于某。"其曰："西狩获麟。"悯世悲时已具一言下矣。夫子昔尝叹曰"凤鸟不至"，今其书曰："西狩获麟。"昔以无而叹，今以有而书，岂今之有，弥昔之望耶？昔企明王之或启，今知明王之不作；昔企吾道之将行，今知吾道之终已，此麟之所以书也。故有问麟者，吾曰："麟，物之常。"有问麟出《春秋》者，吾曰："出，常；获，非常。"有问麟书于《春秋》者，吾曰："书在，时不在孔子。"故麟出于《春秋》之前者，麟也；麟出于《春秋》之后者，亦麟也。出于《春秋》之前，麟得为麟也，出于《春秋》之后，麟不得以为麟也，时不时，幸不幸，麟何思而何为？故知天下不以时

---

① 底文原作"梃"，误。

而择周，周不能以全麟者，德也。天下不以德而私孔，孔不能以致麟者，势也。天何心哉！今必曰"麟非周有，必瑞之孔"，而斯宜是殆不求麟于《春秋》之前也，是殆以智之小者窥夫天德之小者，私于孔也。孔无意而偶值于麟，麟无意而偶生于鲁。今必曰："鲁有圣人，故麟应于鲁。"殆亦不求其瑞也，顷见山东禹城，有星如轮，殒于里人之圃，而里人不闻他故，应在时而不在里也。麟出孔圣之乡，星殒禹人之圃，圣凡虽异，其为无关于天者则齐。第圣人之于天下疾痛疴痒，举切于身，故激于麟者，激于时也。自夫时之义不闻于天下，天下惑于麟者日深，有以时之说启之千古之纷纷，破矣。麟乎麟乎，吾其免夫！

都会①

问：建都会，画疆域，有天下之大规模也。今天下都会，南莫壮于金陵，北莫雄于幽冀。我太祖高皇帝建都金陵，据南方之全盛；太宗文皇帝迁都北平，控北方之上游。二都形胜载于《大明一统志》诸书可参考矣。然自古北可以驭南，而南不可以统北，自周迄今，历可数者。我皇祖智出千古，顾虑不及此，必俟文皇移鼎北平而后万世永赖，祖宗神谟圣算，固有在欤。今天下疆域，北则至于胡漠，南则抵于交址。我太祖高皇帝北驱胡元，设大宁都司于燕蓟东北；太宗文皇帝南平交址，设都布按三司于九真、日南。二域颠末载于国朝《大学衍义补》诸书，可互推矣。是皆域中辟壤，宇内山河，尺地寸金，不可弃者。逮我文皇继统，徙大宁都司于关内；宣宗缵业，隶交址郡县于安南。二圣继志述事，固有居欤。继今圣子神孙，固都会于灵长，寿疆域于攸久，继体守成之道，故具存也。士行将观光上都，宣政遐荒，愿有以鸣其盛。

君德

问：人有恒言，皆曰"没世不忘"，求所以没世不忘之君，千百年间，不能数见。甚矣！人心之不易，难得也，三代圣王不能一二数矣。试举近世闻见之最切者与诸士论之。赵宋以仁厚开国，守成之主以令善称者，仁宗皇帝。升遐之日，深山穷谷莫不奔走悲

---

① 底本正文题目漏刻，据底本目录补。"策问"篇《都会》《君德》《黄河》《理财治兵》《兵额》《得国》《道学》《治道》均如此。

号，如丧考妣，远者如此，近者从可知矣。所以感人之政，载在简策，皆诸士闻而知者，亦可举其概欤！我祖宗以仁义开国，继体之君躬逢者，孝宗皇帝。宾天之日，武夫走卒，莫不涕泪呜咽，如失怙恃，小者如此，大者不俟言矣。所以感人之政，照布当时，皆诸士见而知者，亦可陈其大欤！就二帝论之，明德亲族，尧仁所以如天也。二帝修身正家，有惭于尧否欤？父作子述，文王所以无忧也。二帝光先继后，有憾于文否欤？传闻不如习见，贵耳不如信目，兹将表章弘治之休，嘉祐之盛，所以铺张扬励，非二三士而谁，幸毋曰："生斯世也，为斯民也，帝力无有于我也。"

黄河

问：黄河之经中州，自神禹以到于今，迁变不知几许，疏治不知几人。兹方讲求今日之急，往事不细论矣，窃有疑焉，古今一河也，古之治河者率挽之而从北，今之治河者率导之而从南，何古今之悬绝欤？彼此一河也。近有塞之而虑其有损于漕者，又有浚之而欲其有利于漕者，何彼此之背驰欤？先代善论河者，无如汉贾让，不知让策可施于今欤？今代善理漕者，无如陈恭襄，不如厥绩可比于古欤？金龙口，今运道之要害也，或者虑其障塞莫御，欲于淮泗下流分数河，以泄上流之势，其策可推行欤？汴梁城，古中州之都会也。或者虑其形势卑下，欲择上地，迁省城，以避溃决之虞，其事可遂举欤？二策一有不可，将使运道会通朝东海于无极，汴藩壮固拱北辰于无涯，其策将安出欤？或不得已，二议亦可取欤？今圣人龙兴，将画河图以献，诸士生长是邦，必有能助我者。

理财治兵

问：理财治兵，军国之大计也。我皇祖损益前代，罢三司枢密院，以财赋、兵戎隶于户、兵二部，初无不足，承平百四十年，两京无缔造之兴，四方无干戈之扰，国用视昔增十八九，军伍视昔减十五六，夫供运既少，何所用之费日增？用度既增，何所养之兵日少？中夜思而未得，岂部使虽出，未尽□□之术欤？岂台臣虽下，未尽解补之法欤？兹者皇上嗣统，大赉天下，计内帑不足，取诸各省。虏贼乘我国变，潜觊宣、大，锐卒尚未完复，幸赖我天子神圣，一二年余，狼烟无警，虎旅解严，正居安思危之日也。设一旦有警，万灶云屯，千金日费，是不可不早为之虞也，兹欲使国用视昔，戎伍复旧，藏山海之精于禁中，系单于之颈于阙下，建大议，画大策，正今日求贤之意也。择治图安，幸毋以贾生自让。

兵额

问：兵也者，所以防危悍患，有道之世，所不废也。窃有议者，先代之兵至其中年，比之国初增十八九，时以供馈为艰；我国家之兵至于今日，比之国初损十六七，时以寡弱为虑。予尝终日求之，未得也。抑欲克复原伍，营屯相望，甲士如林，斯有道欤？国初军伍充实，宜乎食之者众，而太仓之粟胡乃有余？今日军伍耗损，宜乎食之者寡，而四方之供胡乃不继？予尝终夜思之，未喻也。抑欲克复额饷，使居有积仓，行有裹粮，斯有处欤？近者福城缺饷，士卒生变；海滨邹鲁，至有哄然之声；藩屏吴越，几有隔塞之势。君子于此，损兵则边垒失障，加赋则国本有亏。兹将使兵不骄、食不匮、民不扰，八闽永北辰之拱，九重舒南顾之忧，诸士生长斯邦，目击斯患而郁郁不平，怀于中者，久矣。幸为我鸣之。

得国

问：自昔殷周革命，应天顺人，得国之正，享祚之长。后有作者，蔑以尚已，殷周而下，得天下最正者，惟汉之高祖与我太祖高皇帝，曰唐曰宋，皆不逮也。有国之道，可备陈欤？二代而下，享太平之久者，亦惟汉之诸君与我列圣皇帝，曰唐曰宋，亦未逮也，而太平之象可模绘欤！创业之君，后王之贻范也。我太祖开国规模，较汉高孰远？守成之主，先王付托。我列圣守国成宪，较汉世孰优？我太祖定鼎江东，视汉高之都陕西，其孰为上计？我太宗移鼎北平，视汉帝之迁洛阳，其孰为永图？汉传国玺至四百余年，固非偶矣。我国家本深基厚，源远流长非汉匹，而圣子神孙亿万年之基业，识者已占其兆，祈天永命，保国延休，固臣子之愿也。诸士生斯世也，为斯民也，能无一言为今日颂？

道学

问：道远东周，世入南宋，朱子倡道于建阳，陆子倡道于青田，一曰“闽中之学”，一曰“江西之学”，二氏之在当时，如孙、庞较智，如汉、楚争雄，势未下也。今读其书，朱斥陆曰："禅学。言将何据？"陆斥朱曰："支离。意将何居？"当时鹅湖之会，数诗具在；《太极图》之辨，数书尚存。以今观之，陆果玄默而忘言否欤？朱果弥漫无归否欤？学者生乎数百载之下，追惟数百载之上，将抠衣考亭之函丈欤？将凭式象山之门墙欤？抑高山仰止，别有所归愿欤？今天下谨趋跄，立门户，自名道学者不少，而得入孔氏之宫墙者，未见其人，无亦学术之未正欤？医术之偏，害一人；学术之偏，害天下。医术之偏，害人身；学术之偏，害人心。人心一害，意向胥溺，天下贸贸而无之矣。吾为此惧，发策下询诸士，毋曰："大君子之学，非后生之敢议者。"

治道

问：《诗》《书》者，圣人经世之大典；节义者，君子守身之大闲，是皆国家元气，不可一日无也。予窃有疑焉。高惠诸君，不事《诗》《书》，专尚黄老，宜不足以论治也。当时海内富庶，几有致太平之风，至武帝之兴，延致诸儒，表章六经，崇文右道，治国追复三代，宜无难矣。未几海内虚耗，几至丧亡。岂先王《诗》《书》之得不足以庇世，而黄老之学固有益于国家欤？抑别有道欤？西汉诸君子不事名检而随俗混同，宜不足以立国也，而当时黎民醇厚，几致刑措。东汉之季，朝野诸公争尚奇节，互相标榜，而丕显先烈，宜有光矣。未几，党锢祸炽，而国随以亡。岂节义之奇不足保国，而尚同之教固有补于世道欤？抑别有说欤？方今人文日盛，抱艺挟策者，数倍先朝，而闾阎日窘，不逮昔时之富饶；近时国步多艰，敢言图报者，亦过先朝，而风俗日偷，不逮昔时之醇厚，不能无感于时也。诸士《诗》《书》节义之教，服习有日矣，兹将出寄官守，遵富庶之效，敦醇古之风，要不在两汉下矣。设施之要，请先言之。

都会

帝王经理天下，施为次第，可一言而尽者，善继人之志，善述人之事也。窃观我祖宗之于都会、疆域，或开创于南以统北，或迁建于北以驭南，或辟土于荒外，或封土于远夷。圣人之所为，众人固不识也。要其建国家丕大之基，为子孙经远之计，策出万全，道传百世，岂出善继善述之一言哉？故文王得武，夫子赞其无忧，武王继文，夫子称为达孝。先圣后圣，夫岂有二道欤？今天下都会有可言矣。金陵之地，长江缭其西北，连山拱其东南，钟山龙蟠，石城虎踞，秦始皇望有天子之气，诸葛亮知为帝王之宅，江南形胜，未有壮于此者，自昔孙吴创始，六朝、南唐不足以当大数，天厌元德，我太祖高皇帝，天戈南渡，驻跸于此，徐起而平定南北，天之历数，诚有待矣。正位初即诏天下，以金陵、大梁为南北京，往来巡狩，寻以六朝祚数不久，初议大梁以四面受敌而不果，再议长安，谓漕运艰难，且已之。今读诰告有曰："建邦基以成大业。"兴王之根本，为先居中夏而治四方，立国之规模为重，始知我皇祖迁都之心，固实有待于后矣。幽燕之地，居极而拱众星，向离而听天下，左环沧海，右拥太行，苏秦所谓"天府百二之国"，杜牧所谓"王不得不可为王之地"，冀北形胜，未有甲于此者。自昔契丹窃据，金与胡元皆起自沙漠，不足以当大运。天祚皇明，我太宗文皇帝天兵南下，克靖内难，即以北平为北京，天之储运，诚有在矣。继统初，累诏有司，仿有虞巡省，各以二月，巡幸北京，仰体皇祖建都之心。未遂，眷兹幽土，山川之势实雄，永乐辛丑，宫殿告成，遂御正朝。今读诏告，有曰"爰仿古制，肇建两京，为子孙帝王万世之基，实所以绍皇考太祖高皇帝之初志"，始知我文皇迁燕，固实继述于先也。窃尝谓皇祖都吴，即文武之营丰镐；文皇都燕，即成王之营洛邑，制必累历乎数君，法始大成于一代。帝王经略，次第固有后先，岂必功收于一人，治定于一时，然后为圣制哉！今天下疆域，有可言矣。大宁在蓟州东北，古东胡之地。山川险峻，拊燕辽二地之背，扼潮滦两口之喉，自昔契丹僭据，女直、蒙古沦陷冠裳者数百年。我皇祖受命遣将徐达，扫除氛祲，于喜峰口外设大宁都司，抚治夷种，分封宁王，藩屏王室。逮我文皇迁都北平，数征沙漠，备谙夷状，以胡地不足以为耕，胡人不足以为使，戍卒苦于裂寒，供费艰于挽运，始徙大宁都司于畿内保定，迁宁府于江西南昌，所属营州诸卫亦省入顺天、永平二府，以守内地。边关以大宁之地，自古北口至山海关，立朵颜卫；自广宁前屯至白云山，立泰宁卫；自白云山至开原，立福余卫。锡印置官，以指挥千百户分领各部，以都指挥都督总领诸酋。百余年来，奉我朝贡，听我征役，作我藩蔽，我无屯守之费，彼有捍卫之资，皆祖宗因革之有道也。

安南在桂林西南，古交趾之地。秦置象郡，功跨古人；汉立铜柱，勒勋后世。自唐祚运衰，历宋迄元，不复郡县者三百年。我皇明受命，彼主陈氏首先纳款，太祖著之祖训，不许侵伐其国，我文皇继统，陈氏为酋牦所歼，因汉唐故事复立三司郡县，至宣宗章皇帝时，以守臣失谨，黎利猖乱，以求得陈氏后为请。宣宗以非《禹贡》所及，非《春秋》所治，得不足为荣，失不足为耻，乃从交人之请，因体文皇之心，俾继陈氏之后。不虞黎利怀奸，窃有地利，群臣累请兴兵征讨。章皇帝以祖训难逾，因罢三司、郡县之设，封九真、日南之域，听其部，使自为领，听其民，使自为生。八十年来，奉我正朔，受我锡命，执我朝琛，我无出军之费，彼有称藩之诚，固祖宗仁度之有容也。

窃尝谓祖宗之处大宁，即王者不治夷狄之心；祖宗之处交址，即王者封建万国之意，海隅皆予，宇内皆民，帝王以万物各得其所为极致，岂必出兵以屯其地，设郡以隶其民，然后为吾有哉！愚故曰："帝王之治，可一言而尽者，善继人之志，善述人之事也。"列圣相承百四十年，京师丽日月之华，疆域巩河山之固，凡皆斯道而已。愚也仰止皇都之盛，叨居圣域之中，思以为报者。"商邑翼翼，四方之极。寿考且宁，以保我后生。"愿以《商颂》之诗，为今日皇都颂。"普天之下，莫非王土。率土之滨，莫非王臣。"愿以《小雅》之诗，为今日圣域陈。执事者，欲进承学，仰图报称，复以继守为问，此固忠愿之心也。然斯道也，祖训具存，吾圣人服膺久矣。愚也幸为圣人之民，方乐鸢飞鱼跃之不暇，尚奚能赘一言。

封建盐铁

法之公者，欲推于后世而或未便；法之私者，欲废于后世而或未能。封建者，法制之最公也，古所有而后世之所无也。盐铁者，法制之最私也，后所有而古人之所无也，古所垂者，不能如盐铁之法，可以行于后；后所创者，不能如封建之法，可以废于后。岂虞周君相不逮秦汉任法之主？秦汉君臣有过虞周作法之圣哉！愚尝展转思之，大凡天下，公则天，私则人，公则人，私则己。公则妨己兼并之念，私则便己取给之情。此人为之过，亦势所遭而然也。夫岂道之弊哉？昔者，先王封建诸侯，井天下之田，与同姓者共，经天下之国，与有功者同。自秦罢侯置守，后世相沿。虽贤如唐太宗，辅以房、魏，亦以古今事殊，竟不克复。当代儒臣稽古论治，竟见未一。柳宗元《建论》以为封建非圣人意也，势也，极推先代相承之敝，后世郡邑之宜，不必拘泥古制。宋范、苏二公亦各黜之。独致堂胡寅为之说曰："封建者，帝王所以顺天理，承天心，公天下之大端大本也；郡县者，霸世暴主所以纵人欲，悖天道，私一身之大孽大贼也。"论辩千言，如老吏援律判狱，听者颔首，此不易之言也。然郡县既久，时更势积，譬之黄河南去，奔流倒海，虽神禹复生，不能挽而北向。宗元之言，可尽非乎？孔子推百世而所损，可知封建之废，固不出吾圣人损之一言也。愚窃以为使体统正、朝廷尊，封建可也，郡县可也；使纪纲废、法度隳，小人道长，君子道消，虽八百诸侯，能为用哉！胡、柳二说，固有分矣。

先王之于山泽也，政令上出而不自利，采煮从民而不自专，自齐设禁煮海，循袭至汉，废于高文，继以孝武，兵穷费冗，寻复踵行孝昭，策贤良文学，愿罢盐铁。桑大夫持议，以为盐铁，国家大禁，上资军国之费，下佐百姓之急，罢之疑或未便。当时丞相御史，亦各附之，贤良文学为之论曰："王者，抑末利而开仁义，务农息兵，所以培国本也。霸者，忽先务而喜战功，盐铁均输，所以戕国脉也。"反覆万言，如良医推根按病，闻者心醉。此不刊之论也。然征榷既久，上安下便。譬之佛法内入，信慕日众，虽韩愈表争，不能驱而西归。桑、孔之法，能尽废乎？孔子推百世而所益，可知盐铁均输，固在吾圣人益之一言也。愚窃以为使国势安，经费省，罢禁可也，弛征可也。不幸国岁兵荒，府库虚耗，与其剥民之财，孰若资商之利？苟益吾国，亦何拘哉！罢征二法，各有宜矣。法无今古，顾用之如何耳。我国家封建宗藩，环峙镇地，规模远出于秦汉。建设盐场，募粟实边，法制远过于汉唐。巍然灿然！宜有不俟问而知者。执事发策，不问苍生而问诸藩，不言仁义而言财利，愚窃为执事者所不取也。虽然，愚固知执事有不得已而言也。国初分封未广，随在富足，百余年来，赋额有限，宗支无穷，拨此足彼，军士无食者频年。当事者裁之，则势不能，仍之，则后莫继，月累日积，不知流弊之所止。愚则曰："此譬则千金之家，量千金以经制出入可也。"昔郑子产以一小国而处春秋兵争之地，尚能经制财赋，以御晋、楚之强，岂巍巍天朝，享天下之富，制天下之财，而不能内赡藩土乎？为今日计，宜请下有司，计今岁用若干，计今不敷若干，计内外无益之费若干，计诸藩地利之饶若干，省浮费以还常数之一二，准地利以抵常禄之二三。已往者著为成式，将来者约以等杀，则国计万全于后矣。国初资盐实边，飞挽有赖，数十年余，灶丁流故。课额日亏，弊积奸生，执券候支者累年。奉使者更令，则商习未便，祛弊则豪奸莫除，随隙补漏，无如边赋之难充。愚则曰："此譬则千金之家有千金而不善运用也。昔唐刘晏以一盐铁使，当安史兵乱之余，尚能资一淮盐，以赡军国之用，岂堂堂天下当全胜之时、专南北之利，不能外充边费乎？为今日计，宜仿古市籴之令，折衷损益之宜，给盆以限人煮煎，给券以令人籴贩。昔也，招中计引得十之四；今也，见籴计引获十之八。巨富永业之人，得所私营兼并，之计无施，则边计再倍于昔矣。虽然，此有由然矣。愚也抱此耿耿，盖有日矣。方将明目张胆，次第吐扬，日晷坐移，不能倾泻二三。倘辱进对大廷，一念犬马之忠，愿有以献。"

黄河

古之治河也，虑其不北；今之治河也，虑其不南，古之治河也，以民害为重；今之治河也，以漕运为急。识古今之势，达变通之宜，斯可与图治河也已。夫天下之水，黄河为大；河南之患，黄河为大。执事策河南之士，及于患之大者，愚也饮河水而但知有饱，何足以当盛问乎？然闻诸故老，尝有得于一二矣。河自神禹以来，世变时更，迁徙无计，自孟津而下，地平土疏，冲决无常。汉世迄宋，河之大势虽北，亦尝有时而南徙矣。时以禹迹尚存，一失而漫流无纪。自元迄今，河之大势虽南，时以运道居东，一决而贻害无穷。故司河渠者，一挽狂澜而北倒，一障洪涛而南之，其势使然也。执事比而同之，过矣。今运河要害无如安平镇，而河北金龙口则此镇之门户也。此门不塞，则黄陵冈莫守，黄陵冈失守，则安平镇可虑，而运道隔矣。今运河险峻，无如徐、吕二洪，而沁河、丁家道口则二洪之咽喉也。此口不疏，则泗河不畅；泗河不畅，则二洪浅涩而运道阻矣。故司水使者，一则塞其害之源，一则疏其利之本。夫道一而已矣，执事岐而二之，非矣。汉贾让欲内徙民居，以为旷地，北放大河，以入渤海，将建千载之业，不较咫尺之地。策实上矣，然施于汉世可也？我朝建都幽燕，东郡适漕运之途，清河乃舟楫之会，若推让策于今日，则运道所经，或高之而为堤岸，或深之而为黄流，今则碍矣。柳子厚以"古法不能推于今"，此亦可以验其一焉，国朝陈恭襄治湖，通渠导江，舟以达淮，引汶绝济，导泗舟以达卫，转江南之财赋，给冀北之军需，功则伟矣。然施之于今日可也？汉唐建都长安，淮之漕舟不入于汴，汴之漕舟不入于河，推瑄迹于先代，导淮之功无庸于蔡、汴二洪之业，莫施于三门，古则滞矣。范文正谓"今法不能行于古"，此亦可概其余焉，古事往矣，方来所当虑者，金龙口方北溃之门，介石之心不可不谨。近时儒臣著述，欲于南流之下，分数河以泄上流之急，虑亦深矣。愚尝观南流，最下淮、泗、沂水，俱于清河口汇而为一，惟一道以奔海，无他地以疏河。为斯策者，盖亦未试其地也。然下流既滞，则上流必壅，吾惧此口一溃，汶道将为涸辙矣。可终口为计乎？汴梁当南堤之下，复隍之戒，不可不思。近时豫人论议，欲择形胜便地，迁省城以避河决之患，备亦至矣。愚尝观省城之内，王藩官署辐辏鳞居，无类万计。当民穷财困之秋，为徙旧营新之举，画此议者，盖亦不度其时也。然因循数年，河日以淤，城日以下，吾惧堤封一损，汴城将为釜鱼矣，可终不为图乎？考古治河之法，不出曰疏、曰浚、曰塞三策，必三策并举，而后大患可图，今之治金龙口者，有塞而无疏，譬之止儿啼而塞其口，求欲闭而无患，不可得已，今之治汴城者，有堤而无浚，譬之防民口而塞其言，求欲蓄而不泄，不可得已。欲揆策于今日，必上流有杀而后金龙口无壅滞之患，必上流有浚而后汴城无溃决之危。淇门，古黄河道也，今此水，古与卫合，北会清漳，以达直沽。窃谓宜于武阳旧道疏河流五分之一，引于淇门，北入于海，又于馆陶而下作长堤，以防东溃，则上流势杀而金龙口屹于砥柱矣。朱仙镇，古蔡河道也。今此水北与河通，南会颍、汝，以达正阳。窃谓宜于荥泽旧口浚河，流五分之一，引于蔡河，南汇于淮。又于祥符以南作长堤，以防泛溢，则上流势分而汴城安于磐石矣。又尝合而观之，金龙口居河之北，汴梁居河之南，北倾则汴梁无虑，南倾则金龙口无虞。上流未浚，二地必有一害；上流两杀，二者可以两全。今杀一以导北，杀一以从南，中流三分，东注归德，又岐而之亳，之宿，之济，之徐，下流泄而上无壅滞，左右杀而中无溃激。运道永赖，既全大利于天下，汴藩奠固，又脱大患于一方。此策果建，岂曰小补之哉！此执事至再至三，拳拳为中州虑也。然执事虑患于中州者，曰黄河也。愚窃曰：中州之患，尚有大于黄河者，执事未之及也。不扣而鸣，人必以为怪，倘与其进焉，愿以学于家者，一鸣天子之廷，此承学者之分也，亦承学者之责也，惟执事悯其狂简而裁之。

与高都宪书

图成败于未事之先，智者或未能；计成败于已事之后，愚者亦可及。顷年，巴蜀盗起，杀我人民，焚我州县，覆我官军，毒我方面。朝廷简命大臣会兵征剿，于今四年，蓝鄢方艾，而麻六随萌，陈刘幸抚，而廖贼仍纵。往者窃据巴山，近者深入腹地；往者以冬涸之时，偷涉保、顺；今者以秋泛之际，明渡大江。往者凭险峻而势难攻剿，今者履丘阜而宜易削平。况贼数不弥三千，我师不下五万，以十攻一，迄无成功，其故何哉？论者曰："兵事先守，而后攻彼。"贼者，始以依山为全策，今以善走为长计。彼既以走为计，我宜以守为先。今追逐之军虽众，屯据之兵全无，论固然也。为当道者，亦尝有凡一州县各集万人，据险守隘之文矣。论者曰："长江有天堑之固。"有江失守，致贼往还如褰溪涧，论固然也。为当道者，亦尝有累行州县守江禁船之文矣。论者曰："坚壁青野，待敌之方。"今使一乡一里择一高山峻岭，设堑累石，男女、牲畜、钱谷、器具移居山寨，使贼所至，无人可掳，无谷可食，无火可焚，无釜可爨，久而人疲马敝，以攻则克，以追则及，论固然也。为当道者，亦尝有累谕各乡，集兵立寨之文矣。论者曰："以逸待劳，制胜之道。"今以吾民之马，尽资敌人之用，彼骑我步，彼逸我劳，追则莫及其后，及则难犯其锋。今宜悉令有马之家，或寄入城郭，或尽入山寨，或私卖市人，或官买给军。有匿乡村者，没入军用，则乡马可尽，贼骑无需，论固然也。为当道者，亦尝集众而议及之矣。论者曰："将兵之道，制在一人。如身使臂，如臂使指，如常山之蛇，首尾相应。"今诸军所部，任意所之，我欲守而彼欲攻，我欲左而彼欲右，将无专制，师无纪律，遇贼难敌，遇敌无援，论固然也。为当道者，近亦有合兵追剿之文矣。论者曰："昔汉高举巴蜀而席卷三秦，孔明以益州而虎视曹魏。"今日之蜀即前日之蜀，前日之民即今日之民，使巡守方面，遍历州邑，亲选壮勇，亲募死士，每邑约得百人，合省约得万众，饱其资用，复其役遣，此辈一出，一可当十，千可当万，何敌难破，何盗难平？乃付有司滥取弱卒，具名塞责，分门代更，及不足用，乃远取猡㹨诸种，外及施永湖军。在官不知分谊，临阵不受节制，恣彼狼心，虐我族类。旧闻以夷攻夷，未闻以夷攻夏，窃恐此辈轻我中国，种患将来。论则然也，为当道者或亦长虑却顾而及此矣。论者曰："古者军士或犯一笠且斩。"今诸军所过，抢劫锱铢无遗，淫污老稚至死。甚者，施州、永顺，次则酉阳、猡狚，其他官军乡兵亦多效尤，袭弊无制者十居七八。有制者十止二三，民不胜暴，移家山寨，又并其寨而劫之，皆曰："宁为盗劫，无为军苦。"道有贼梳军箆之谣，乡有罢兵恤民之愿。即今民已无食，野有饿莩，若不急更弦调，诚恐祸起萧墙，论固然也。为当道者固已痛悉其情，付之长叹矣。若是者，群策已毕举矣，众目已具张矣，寇亦不足平矣。迄于今日，卒无成效，抑又何哉？政有文有实，今上以文督下，下以文应上，顾未有方面分历州县，定某官以刻守某地，定某官以分守某江，定某官以分督某方营寨，定某官以分打某路舟船。马骡实未痛革，壮勇实未严选，知夷军肆淫不早追还，知官军为害未经痛戒，一则曰"违者以军法从事"，二则曰"犯者以军令处斩"，徒有法令之文，未正法令之典，故虽檄书山积，邮递星驰，终亦何济？缘是上弛下慢，险卒不可恃，江卒不可守，将终不归一人，师终各分诸部，马牧田野者尚多，人集山寨者尚少。遂使盗众乘虚，窃渡照镜，城邑多破，杀掳益惨，军士四集，淫掠愈倍，通巴之转输载道，潼渝之储峙全虚，供馈尽出科征，夫马疲于走送，财日耗而民愈困，兵日集而效未彰，盗之不平，良以是也。此往事之大较，不待知者，可以推而知也。今盗入潼、荣、普、遂，适在重庆而上，两江之间，盖天诱其衷，纳诸罟擭中也。盗觉悟入，急寻归路，幸有王佥宪按历遂宁，振肃军令，始断江左舟船，不使北走保、顺。当此之时，贼既入套，上路宜于中江，中路宜于安岳，各驻一军，以邀上下往还之路。计不出此，贼奔中江，诸军一股而望上跟袭，曾不曰："宜留某军，暗伏某地，为贼归之计。"及贼走重庆，诸军一股而望下追寻，又不曰："宜留某军，分据某地，为再上之图。"于时，王佥宪复至遂宁，贼众尚在壁永，方图屯军安岳，分两翼于遂宁、内江，掘路守险，以厄归图，随承催征之命，遂使中途无守，贼复上行。此目前之利钝，不待知者，可以推而知也。《传》曰："临鉴可以察行，观往可以知今日者。"贼自遂宁，直奔云台、中江，盖以潼、绵、江油河狭滩浅，人马可以襄涉，意在速渡此地故也。今日第一急务，宜下令各军暂缓追逐，急遣一使，倍日径驰江、绵，戒谕州县，并调官军、乡兵严切守把。各方面等官所部官兵，半从射洪渡江而北，半从简县渡江而南，各掩旗息鼓，循江而上。一分守金、简、汉、德以上，以蔽省城；一分守潼、绵、漳明，以防北走。密令遂宁四发帖，报潼、绵、中江一带，内言探闻都府欲从遂宁亲历中江，招抚流贼，已将何定等军，在于蓬、遂、射洪屯驻，多备牛酒花红，听候犒赏。彼见后无追逐之兵，又有招抚之报，必将且疑且信、且行且止，及彼欲渡，则我两地之兵已集，两江之守已固，渡则邀击其半，止则听其所如。规模既定，大箅已成，攻杀擒剿之计可以随为图矣。从而分行方面等官，严督乡村，在在聚兵，人人居寨，使家无潜居之人，野无刍牧之马，断乎无男女谷帛以资食掳，无烟火器用以供爨焚，使盗既不能攻劫，军亦不能肆暴。乃纵何定等一二精兵，从中追逐，俟彼下走中江等地，然后约会两江之兵，须我大臣一人自统精兵三二千人，亲诣中江，从中调遣方面等官。所领诸军，一从建宁，一从古店，一从中江之左右，一从潼川、金简之东西，作连珠一字阵势，诸哨齐驱而前，大臣总制于后。申号令，严赏罚，左警而左哨诸军互为救援，右警而右哨诸军亦相策应。贼势若下安岳，两江夹流，汇于重庆，日追日蹙，日下日狭，即于安岳北至遂江之浒，南抵内江之滨横过。一路望下三五十里，山岭断截衢堑，田塍深埋椿橛，山坡溪涧因势铲削，或植荆刺，或横蛇篓，或柞连枝大树，务使贼马遏阻难行。若贼下大足，则北至安居，南至富顺，截路之法如前再作。我军并力穷追，下走则江流交锁，上走则骑足有羁，彼贼徒者不溺水填河，必堕坑落堑，虽谲如鬼蜮，猛如虓虎，不能脱此祸网也。譬之猎者，四面张罗，旁无曲径，随而一人指视，百人并驱，然后鹿死吾手。苟网罗不张，徒事追击，故虽韩卢当前，偞士继后，彼狂鹿者，此惊彼窜，左逐右旋，终日无获，其不为樵牧笑者几希。且兵贵神速，事在投机，即今天雨淫淋，江水泛溢，贼徒日寡，军旅日集，以天时则顺，以地利则宜，以人事则遂，宜成大会，以收全功。万一贼众或渡安、绵，尚在合州，而上保、顺、潼、遂两江之间险隘可守，尚有可为。若俟冬涸再入通巴、云、汉三省之界，山险而攻击未便，地漫而兵事难合，诛灭之期，殆不可以逆计也。

书本愚昧，敢于过言，亦惟因已往误病之故，知今日药病之方，当有不出此也。昔范文正公以忧服而上书相府，言天下事。君子讥之。夫范公何人，敢托自负？但今门庭之寇，祸切身家，殊非远涉天下，击目撄心，思欲长号于大人君子之前，非一日矣。幸遇执事先生望重中台，钦承帝简，肃霜威于万里，总兵柄于三川，器远而休休有容，位高而孳孳下问。故不避讥诮，缳绖冒言，诚为身家虑，亦为乡邦谋也。惟察其心，宥其罪，采其言，独运神机，大垂明断，早收擒孟之功，听上平西之捷。书渎犯钧严，无任惓惓俟命之至。

与王金宪书

顷者，执事提兵诛寇，两按下邑，虽至愚如某者，每切下问，智者孰不为谋，勇者孰不致死？古谓："将家贵有将略。"愚谓："将略须先将度。"执事其人也。别后累接当道论议，每与执事落落难合。及会马宗大宪副，相语移时，条布经画，殊无抵牾，乃知英雄豪杰所见略同。执事所与图大事者，非此公而谁？自七八月间，盗逾渝江，误入死地，叠山为城，两江为池，加以雨多水泛，盗自中江而下，永川而上，往复数次，寻舟不获，欲渡不能，此汲汲固守之时，如鱼在罟，如虎入阱，宜急塞门路，而不可纵也。方盗在永川，执事再自遂宁，因往安岳，决策屯守，谋邀贼路。已而当道催檄随至，复往大足，初计莫施，以致贼无阻遏，上入德、汉平原之间，徒党再增，攻烧且甚，盖得地势故也。近闻贼众欲听抚招，当道者持疑未定。窃谓：贼罪断不可赦，贼阶断不可长，贼计断不可信。盖将复欲缓我追兵，怠我士气，以为四走之图。且德、汉之间，地漫可以奔突，江浅可以涉渡，兵无厄守之路，民无潜避之所，比之中江而下，诛剿之功，似有难者。为今之计，宜令德、汉一带，近城者移居城郭，近山者移居山寨，处平陆者四五村居移聚一村，约男妇千人以上。外则深掘渠壕，引水周灌；内则高筑墙垣，团聚固守。撤去德阳等处守城把隘汉土官兵，尽移汉、彭一带连营屯守，无使逼近省城；一面行移护卫官兵，屯守诸王陵寝，以御不虞之患；一面差官从德阳、绵竹，姑与抚和，以缓攻烧之势；一面精选壮勇，招募死士，以为诛剿之图；一请抚台或归省城，或移潼川，以诱诸贼下走之路；一行潼川以上，江油以下，假以饥歉为言，暂通粮运舟船，以纵诸贼北走之途；一密行保、顺二府，上至广元，下至合州，五里一候，十里一屯，分地委官，严切守把，无使贼复通、巴之境。乃于屯守军卒、招募民兵之内，挑选精壮，一可当十者，分为三哨，每哨约二十人，半骑半步，重加犒赏。令何定等分部而出，势强则协力交攻，势敌则相机袭取，势弱则合兵自保，俟时而动。若夫交阵之际，进必有生，退必有死，此古制胜之道。往尝遇敌，贼多胜，而我多败者，彼皆亡命之徒，我多求生之士故也。今宜大申军法，进须舍生，退必处斩，私逃主家者断在必诛。人知进退不免，势必有进求生，无退取死。持此御敌，虽未太胜，亦未太衄。久而贼势莫支，或下走中江，我军移屯并驱而下，或北渡彰、绵，我军越江从下而追。二处地形相似，地利各宜，彼贼徒者，不收于泸、渝之间，必克于合阳之汇，斩馘执俘，有可必者。万一汉、彭失守，贼近会城，或犯王陵，或损关市，下贻藩省之累，上廑廊庙之忧，所系非细；又或保、顺失图，贼或再入通、巴，依山凭险，蔓延日众，收灭之期，殆有不可刻者矣。书白面谈兵，阃门论事，固知为老成更事者之诮，而寇在门庭，祸延梓里，又感遇受知者，不能默也。伏惟矜恕，无任忧惶。

与高都宪第二书

近缘平寇，抚临下邑，以书辱在年谊，光贲寒寓，进诸台端，累接治安之论，获近君子之光，已出望外，乃荷钧慈，遣官先垄，吊以华文，刻著墓左，山川增辉，存没被庆，此情此德，千载不尘。自移节后，下邑官属知警，城池益壮，营寨迭增，旬日前盗去邑十里，淹留信宿，不敢进逼城下，凡皆余威所及故也。一人一邑，被德如此，安得合全蜀之邑，尽全蜀之人，皆蒙挟纩如一人一邑乎？曩者不揣庸昧，曾上平盗事宜，辱荷包涵，不加诛谴，大臣之度，固非寻常偶也。今者群盗窃命渡江，未及一宿，旋归江内。盖彼浪闻黄侍郎统领边军，将从保、顺而至，有畏然也。既归旬余，不图比走，尚欲复入德、汉任意旋游，一以江涸滩浅，易于频渡，一以通、巴山险，未利劫掠，未便奔驰，故欲于川平山小之地，暂肆纵横，以疲我师，以延余命，势或然也。或谓渡江外者，彼贼之利入内江者，我军之宜去而复归。意者天厌贼乱，将诱以就殄歼，书幸托严庇，获免荷戈。欲脱里邻朝夕之患，欲分当道万一之忧，蚤夜焦思，敢再言者四事：一曰息抚议以杜贼计。贼始数万，今存数百，率皆亡命之徒，无里宅可寄，无亲族可依，与贵播诸党，情实不同。一月前，闻有抚讲之议，曾致书王金宪："贼恶断不可赦，贼阶断不可长，贼计断不可信。"盖此曹者，势迫则欲听抚，缓我攻追之兵；势强则遂背去，肆彼纵横之计。况彼听抚，索我临江市地，拒之则彼既不从，与之则祸根尚在，其不可抚明矣。一曰守江滩以遏贼路。窃尝寻访滩河浅者，自潼川而至安居约五七处。今各谩不知守，间有守者止于江岸，徒列守御之夫，全无守御之具，一遇贼骑千余摩肩而渡，并辔而前，虽投石如注，列戟如林，莫支其势。今须于滩流东西入水五七余步，编织疏篓百余，内乘卯石，堆砌三层，约高五尺，篓石之外，填以土石。一使中流水深，一使贼马有碍，一使守卒有凭，或其事势迫促，急用连枝大树横置滩边，亦足遏阻。因以堤岸之势，假以防御之夫，江滩断尔可守，贼骑断尔难经。因此度彼保、顺一江，大略相似。凡此机宜，须一二方面亲历两江，经略应守之地，定委御守之官，申严军令，信以军法，不越旬日，殆有成效。若如往者，不委方面，徒事文移，决无济也。一曰选壮勇以破贼众。近日，吾邑有人登高数贼，男妇不满二千，壮士不满五百。计我汉土官兵，非止十辈贼党，以二十人不能克一人者，岂非孱弱怯懦故耶！往时有司凡佣作者，率起征戍，号好汉者，率多家居，若仍袭旧辙，不大更张，日复一日，诚有难者。昔虞诩捕贼，募求壮士，自掾史以下，各举所知。今宜分委方面等官，亲历州县，集会士夫等人，人举三人五人，或武艺精强，或膂力壮健，或胆略过人，或轻生尚斗，亲试可用。大邑不下二百人，小邑不下百余人，人给银五两，资马一匹。马则出于本县养马之家，视资产以随多寡；银则分派通县人户，验丁粮以为等差。所募壮士，以素亲厚者五人为队，二十五人为旗，百人之中，共推一人统御本营，恤其家属，复其差遣，厚其资赏，启行之旦，复金鼓花红，送之郭外。宠遇既隆，则预选者有愤死之心，未选者有争出之愿。此辈约得三五千人，又于见在汉土官军，或三或五选留其一，余皆省归乡土，新旧计得万人。选其最者，迎锋御敌；次者，屯营振武。此辈一出，以攻必取，以战必克。且冗食既汰，公家之储，费用有经，村落之民，受害亦寡。凡此要务，不属方面，再付有司，徒重民殃，何益军政！一曰严军令以悍贼锋，大凡临阵之际，进必有生，退必有死，此古制胜之道。往者遇敌贼累肆虐，而我多失利者，彼皆轻生之徒，我多重死之士，理势然也。今宜明示军法，数人当先，一人监后，进必舍生，退必处死，私逃潜避者割耳斩首，断在必诛。人知进退不免，则必宁犯锋刃以求万一之生，不肯退缩以取必致之死。以此御敌，何敌不克钦？凡此四者，要皆今日之急。若夫屯守不固，则步兵徒追，将权不一，则诸军无纪，夷兵不汰，则民害不息，法令不申，则有司不信，牧马不革，则彼得资乘，营堡不立，则我遭杀掳。乘天时以应机，因地利以制胜，则既陈于昔矣。夫大臣有休休之容，而后小臣有谔谔之论。书计愈疏而不耻讥评，言愈烦而不知畏惮，亦惟执事之有容也。谨摅愚悃，伏候钧裁。

与王阳明书

书启：切惟执事文章气节，海内著闻。兹谪贵阳，人文有光，遐土大庆。曩者应奎①毛先生在任之日，重辱执事，旅居书院，俯教承学。各生方仰有成，不意毛公偶去，执事遂还龙场，后生咸失依仗。兹者书以凡材滥持学柄，虽边镇不比中州，而责任之重则一。兹欲再屈文旆，过我贵城，振扬吾道之光，用副下学之望。书尚不自主，商之二司；二司既同，白之三堂；三堂曰"善"。下至官僚父老。靡不共仰清尘，咸曰："此吾贵城文明之日也。"馆舍既除，薰沐以俟，不知执事能一慨然否也？昔韩、柳二公各以抗疏忤时，远谪二广，二广之人感其道化，至今庙食无穷。执事以文名时，以言遭贬，正与二公相类，安知他日贵人之思执事不如广人之思二公乎？即今省试已迫，愚意欲候文车至止，处分就绪，乃议巡试之期。倘辱不以猥庸见拒，斯文幸甚，多士幸甚！外不腆之仪，奉以将敬，伏惟亮之。

又

自入遐方，久不奉接君子之论。二生来过，承高明不以书不可与言，手赐翰教，亹亹千余言。山城得此，不觉心目开霁，洒然一快。且又不以书不可与居，许过省城，勉就愚垦。闻之踊抃，莫知所为。窃惟古之人固有风雨连床、心隔胡越者，亦有一面未交、诵其文、想其人而千里神会者。书于执事，虽未承接下风，殆亦千里神会者乎！

书窃谓："今举业之学，与古圣贤之学，诚不同科矣。然举业者，时王之制也。书少以父师之命，攻举子之业，乃于其中获闻前哲遗训，亦尝求所谓'志伊尹之所志，学颜子之所学'矣。然一暴十寒，不能不夺于文业之习。故自登第以后，作县迄今，所奔走者形势，所趋向者利禄，如醉如梦二十余年。求如攻举子业时，所窃闻于前哲者，非惟无所闻，抑亦不求所闻，殆将终身焉者。"

昨领来教，使书畴昔所未泯者，若提醒惊寐，恍然若有觉者。执事先声所及已如此，而况得而亲炙乎？近时董诸士者，要不过属题命意，改破课文，锻字句以迎主司之意，裁新巧以快主司之目。上以是取士，下以是挟策，师舍是无以为教，弟子舍是无以为学。

---

① 底本原作"光"，误，毛科字应奎，据此修改为"奎"。

居今之时，欲变今之习，诚难矣。然岂朝廷取士之初意乎？书缪有人才督教之责，将以所攻于少时者为教乎？将以窃闻于前哲者为教乎？兹将咨谋执事，复以课文之习以烦执事，是所处执事者非道，待执事者诚薄。然贵南之士安于土俗，诱以禄利尚不乐从，教以举业复不能治。幸有治者日省月试，又不能工，而况有大于举业者乎？舍是以教贵南，诚亦难矣。夫举业者，利禄之媒也。世之白首一经，凡为禄利而已。以书一人推之，书少时所以治举业者，要不过为禄利之计也；然昔者借是而有闻，今者脱是而愈暗。书以是知误天下之豪杰者，举业也。然使天下士借是而知所向上者，亦举业也。故韩子因文而见道，宋儒亦曰"科举非累人，人自累科举"。今之教者，能本之圣贤之学，以从事于举业之学，则亦何相妨哉！

执事早以文学进于道理，晚以道理发为文章。倘无厌弃承学，因进讲之间，悟以性中之道义；于举业之内，进以古人之德业。是执事一举，而诸士两有所益矣。然所望于执事者，宁独如斯已乎？昔齐宣王留孟子，欲使国人皆有矜式。斯举也，以之留孟子固非，以之处执事诚是。执事名重中外，愿学之士，虽在千里之外，尚当抠衣鼓箧求从门下，兹幸得侍箕筹于左右，接下风，闻绪论，耳濡目染之久，云龙风虎之机，固有不俟操笔砚而后兴，听训诂而后喻矣。然所望于执事，又独如斯已乎？师道不作久矣。执事一临，使远方之人皆称之曰："执事之文章道德见重于当时如此，二司诸公尊礼有道之士如此。"贵南之士从是风动于道德仁义之域，将肩摩而踵接矣。若然，执事一举动间系于风教，岂细耶？

昨据二生云，执事将以即月二十三日强就贵城。窃谓时近圣诞，倘一入城，闭门不出，于礼不可；步趋于群众之中，于势不能。且书欲于二十六七小试诸生毕，择可与进者十余人以侍起居。可烦再逾旬日，候书遣人至彼，然后命驾，何如？草遽多言，不及删次，惟情察不宣。是月二十一日，书，再拜。

又

《春王正月》稿，乃书戊午岁在淮时所为。昨听教及此，归阅遗稿，宛有暗合阳明之意。窃谓此千百年纷纷之疑，以书一得之愚，无戾高明。信乎古今天下，此心此理，本无二矣。始书私论《春秋》，颇有不信传而信经，不信人而信心。时无同志，尚虑或出意见，尤有不敢深自许者。兹幸有一得之中，愿终教也。闰九月十八日稿呈。

又

　　远承使者走惠腆仪，再承来教，无任惊惕。书不揣愚昧，妄为陆氏鸣者，为今日诸君鸣也。执事昔在龙场，书怀此疑，尝以质之门下，曰："然"。乃益信之。然梦闻也，迄今十余年，漫漫长夜，酣寐如昨，安得日侍君子，一觉我耶？况书当衰朽之年，如老干枯枝，虽煦以阳和，滋以雨露，已无回春之期，大造如执事，亦如书何哉！书于是学，无敢望其津涘也。独其赏善罚恶，荐贤远奸，为朝廷恤穷困，为国家存命脉，一日不死，一念不敢忘也。执事能无教书哉！

　　天子隆兴，书初拟之汉文帝。近又思之，盖三代以还所未有者。天启不世出之君，必有不世出之臣。今上应期而出，执事应期而起，明良千载，不在今日乎？书愿执事此行，以伊、傅事业为己任，以尧、舜君民为可期，无负一代昌期可也。曩岁江州事宁，书幸谒于信州，执事曰："行将献捷行在，归阳明山，遂乃志。"书亦谓："盛名难居，功高不赏，履谦持盈，时道然也。"

　　今则不同矣。孔孟终身弗遇，非得已也。使得如今日，六经何暇删，七篇岂容作哉！素老固辞，三本一时同去。初不允投再，再不允投三。此老平生门面如此，然终有气力，不至颠倒。但三本同去，似有不通，用熙近来举动狼狈，学无本原故也。执事寄言，勉从心性，正中膏肓。太老先生处不敢具书，趋庭月余，尚当早赴天陛，以慰天子思贤之望。东望会稽，不胜仰止之至。

又

　　前在湖中奉书之时，不知太老先生值此大故。书时以便归葬舍弟，缘是久稽奉慰。夫孝子之志，莫大乎尊亲；尊亲之志，莫大乎拜相封侯。执事于太老先生尊养之至，已无加矣。尚惟俯从礼制，无重哀毁，为天下苍生之计，为吾道方来之计，是所祈也。

　　江西之事，如日月皎然。而全躯保妻子之臣，从而媒蘖其短，此不足怪。大抵功高不赏，从古为然，宜乎言者之纷纷也。然邪不胜正，归正论者恒七八，执事处此，岂俟多言。宜再具疏，大略曰："言官论列，臣不敢辩，兹惟大事，仰仗天威，臣实无功，乞免爵封，以息群议。"大意如此，字句不过十行，力疏三四而后已，则执事之道德不可名言矣！

近日谈孔孟者，为时大禁。圣明之世有此，可为叹息。《大学》补传：正以穷理，字义不能为格物之训，致起纷纷。今欲立为议论，以破他人之说，必先考详字义，清切义理，稳当后可服人。"正"字训"格"，出于《尚书》。《孟子》既不足训，而《文言》学聚问辩字语无关，乃可为"格"训乎？终篇率皆随口附人之言。《中庸》继志述事，概论孝道如此，下文以祭祀之礼，见武王周公继述之孝。今率意乱言，自谓破千古之疑，观此议论，敢望格致之门壁乎？可付一笑！据今佛老之书，尊其教诵其言者，不闻刑律，而谈孔孟者，却为时禁。为执事计者，守先王之道，以待后之学者而已。

曩者闻报，得侍同堂之末，自为三生之幸。今虽不能旦夕亲炙门下，尚获使问往来，幸惟莫吝教言，下怀不胜幸甚。

与刘用熙书

书启：书不接德范者六年，不通音教者又三年，对时未尝不念，逢人未尝不言，有从湖中来者未尝不问。每欲扁舟汉口，对榻连宵，以倾倒夙抱。奈天不假便，莫副乃心，徒切怅恋。执事将无同乎？书今岁二月，自中州叨副贵臬，职专董学，地偏士鲜，实称菲才。且便过家，留妻子侍亲，书独在任，长女、次男夭折于乙丑。向尝达之。近再得一小儿，已能学语耳。顷来老夫人纳福否？贵眷属安否？贤嗣郎续有添否？俱未悉知。兹当道消之时，执事独能早见豫待，深究遗经以俟百世，谁则能之？近时想《礼》经已完，他经更继，恨未一睹。书自接见执事，窃谓：学博有据、性敏有见者，惟执事一人。知执事者，亦敢自谓，惟书一人。顾书困不知学，自退自画，卒于衰朽，有负所教，亦可哀已。

书近年获读王伯安之文，以为工于文者，仅以文士属之。近觌接于贵阳，扣其所蕴，道理尤精，盖尝于静中学他道而悟正学者。书以生平所接，惟芦泉一人，今又得阳明一人，吾道幸不孤矣！阳明兹往庐陵，欲于夏口会芦泉，以遂宿愿，此实百年之良晤也。幸相倾下，各吐所见闻，以求道理归一，庶于斯道有补也。昔者，朱陆二先生，使其抠衣而分席孔门，皆为圣人之徒也。乃以言议不合，雄争博辩至千万言不相下。为之门人者，不知二先生争辩之故，彼此视为仇敌。至今为朱氏之学者，视陆为异端，无亦大贤君子之过欤？芦泉决先贤之幽疑，开后学之迷误，著述之功大矣！博矣！窃谓古之人自戒慎恐惧，喜怒哀乐，致中和而至于参天地、赞化育。芦泉将以斯学，独让于古人欤？西邻有一儒生，笑东邻举进士不状元及第。东邻生曰："汝求举子而未得，胡以及第嘲人乎？吾素无闻于人者。予不中式，不予责。君以文学名时，顾不及第，将不为人笑乎？"书，西邻之生也；执事，东邻之儒也。所望于执事者甚厚，果不谓西邻为嘲己，则吾道幸甚！

又

书启：书己巳冬寓贵南，曾托王伯安奉书，知已尘览。书庚午秋入贺，还时欲取道夏口，以遂十余载契阔之怀，复以老亲在堂，径从栈道回省。十一月二十日抵家，三日之先，先人已下世矣。明年，服中转参河南，询湖人从征川中者，云执事因买市居，曾与亲王构讼，大略未悉，道履之详。今岁二月，起复。四月，于川江会张金宪，因言执事不肯少从先断，激怒亲王，并其居而失之。书六月中到部，七月二十六日，叨转浙使，力微任重，愧汗莫胜。

行间，忽二介来谒。感今思故，悲喜交集，备询执事家居履历，情思莫堪，为之涕泪，不能已已。及询来京之故，一欲申诉前讼，一欲通告未见起用之由。窃谓执事养高傲世亦已久矣。兹者不图百世血食之计，乃为一时肉食之谋，吾不意子学古之道而以肉食为也。岂孟轲氏所谓"妻妾之奉，宫室之美，所识贫乏者为之欤？此谓失其本心"。古人尘视轩冕，中有得而余不屑也。执事著书垂世久矣，肆志芦泉，视奔走斗粟者，高下何如？今者禄念复萌，以为贫欤？亲已没矣，欲行道欤？时则难矣。岂执事穷搜博考，徒为训诂，中实无所见闻欤？而执事固非无所见闻者也。又闻执事乡党不睦，亲戚不附，孤立无助，实可寒心。处世之道，曰谦、曰和、曰让而已。此三字者，中人凡士皆可能之，何大贤君子顾不能哉！天下无难处之事，世间无难处之人。有骂我者，则含笑；有殴我者，则闭门。此即了矣。斯言宜语下，而以告上者，上之人不能故也。至于讼者，所以申不平也。我欲平而人不为平，不平之念，日横于中，愤闷成疾，徒损无益。宜捐尺寸之地，保重千金之躯，置心高明广大之域，与湘湖同量，与造物同游，岂不快哉？若尚气忿争，求快一日，非书所知也。

今为执事处者，宜离武昌，索佳山水为别业，日课童仆，教二三子弟。用则因时而出，不用则高志终身，使天下后世仰止芦泉。此则区区属望于高明也！书为执事谋者如此，恐执事将疑我曰："己欲通显而欲人之退藏。"此殆非也。此正书以高远望执事，以庸常自处也。使书聪明可以博古，文章足以传后，投闲尚志，岂非所欲哉？不能此而趋彼，亦将于谋食之中求补一二，无负天地之生养也。芦泉谓书为何如哉？往岁，蜀山楚水，书问辽阳；今湖浙未远，可通教言。南风时顺，惠我德音，至望也。寓张家湾舟中，少暇，附此区区。其言虽烦，忠爱之心，固无已也。

与秦国声书

庚午秋，书自贵南奉表北上。南归，适丁先人大故。辛未春，幸叨参省中州，不获趋承左右，以亲教益，甚憾甚憾！去年，敝邑黄司寇先生督饷河南，远承温惠，且勒手翰下慰。方于玉山先冢结庐守岁，寥寥空谷，跫然之音，胡然而至，沐手开缄，捧诵数过，万里故人宛见颜色，幸慰何如？今岁正月，始闻执事荣擢东省，莫胜私庆。自昔盗起中原，执事履危，途犯白刃，身亲渡河，为一方捍蔽。及入汴汝，殚力撼虑，绩最居多，生平忠义，学术可具见矣。中外属望，恐东省不久羁矣。书六月中赴部，不虞望外误有浙台之命，力绵术短，愧栗无地。执事密迩东浙，民风吏弊，素所稔闻，当必有为我教者。书平生足迹，未至江南，兹行历淮阴，道京口，获尝吴下之风，忻睹文物之盛，固一快也。惜不学无文，莫能摸写万一，安得高贤共发奇兴哉！舟过济宁，谨此奉布，不悉区区。

又

书昔岁家居，辱承翰教，感佩无极，年来往返南滇，奉问阔疏，仰慕之情，恒切旦暮。近者之任闽中，舟经夏口，满拟晋谒，饱听教言，且请今日之急。不意执事按辔江北，及渡公安，书已下岳阳矣。鄙怀莫遂，岂非天欤？今天子循有虞故事，巡狩四岳。执事分九官之寄，兼十二牧之责。万一南巡衡、岳，观江、汉之化，必有匡时辅世之术，为行在献纳者。窃惟多事之日，尚留我执事二三君子，布列中外，保护元元，维持纲纪。盖天有意于我国家也。执事可韬晦太过，以负知己之望哉？闽中兵食未至缺乏，遽尔生变，大不可闻于邻国。当事者之处伍公，不为天下之计，良可痛也！居今日者，含糊苟且，眼前虽未有事，其如日后之患何？七国之变，错发之，错任之，兹独无任其责者乎？亦须早为区处，阴消其祸于不识不知之中，斯上计也。然必有沉机先物如我执事者，而后可也。天下事，可言者尚多，惟举其切于书者，为有道者鸣之，必有谅其愚矣。今部堂缺多，执事久处江湖，诏入有期也。兹至广信，已界闽境，差人归便，谨此申问，西望湖天，不胜斗仰之至。仲冬七日寓贵溪书。

与王提学叔武书

春间，辱示林见素《归去来辞》大作，阳春白雪，和者固难，况在忧中，笔砚久废，仰负高明，知能原恕。近闻文旌久驻潼梓，钲鼓之声不绝，诗书之道不废，有道者不当如是耶！咫尺下邑，思贤之念，一苇可航，一鞭可至，奈制于缲经，且城市村落一日数惊，动止局踳，古云："出门即有碍，谁谓天地宽。"不图今者，亲尝之也。三五年来，盗害固惨，军害且倍，递送日烦，征敛日急，穷阎之下，死者不可生，生者欲求死。凋残困悴，不可名状。执事久抱经济文事之余，救焚拯溺，能无一引手投足乎？近者，盗渡巴渝，适在秋深水泛之时，连山足以锁截，两江足以夹守，缘以天时，因以地利，假以人谋，容有下手之地。不谓当时，下逐之兵虽众，上游之守全虚，致贼直入德、汉，迫近会城，地漫川平，势益纵横，民无潜避。窃谓此时宜撤德阳等处守城把隘汉土官军，尽移汉、彭、连营死手，一捍藩省，一蔽王陵，宽绵彰舟楫之禁，严保、顺沿江之守，俟贼或下中江，或渝潼梓大合，我军下逐上守，控两江交会之间，诛灭之期，尚有可计，若汉、彭之门墙失卫，保、顺之江网或疏贼，或迫藩省，或再入巴夔，势愈猖恣，徒日延蔓，后事不可知矣。仆尝白诸当道，词颇猥烦，兹者因问起居，复及一二。盖见诸公为我巴人怀忧抱戚，不忍恝视，故不能代以身而徒报以区区之言也，况于知旧乎？况于大儒君子之前乎？幸惟亮恕，不罪。

与刘县尹书

吾邑近年江水逼城，明公虑此，为邑人子孙百世之计。此功一成，血食武信可也。兹有言者，汉贾让治河，有上、中、下三策。今治江亦然。塞杨渡口，疏干河子，使江流经大木山下，端本塞源，此上策也。塞老虎岭口，浚江吏流，使文家江岸不受冲激，邑城无剥床患，此中策也。运河东土石，专塞文家口，使江流不能冲圮，即以保障邑城，此下策也。下策者，人多船少，土石甚艰，上冲下激，堤岸难保，执事已不屑矣。上策者，疏干河颇易，筑堤太长，非十万人不可，今未能矣。今可能者，非中策乎？昨承执事量工度能，改从中策，诚为良筹。但举事之初，须计万全。禹之治水，因水性也。上流东倒，则下必望西而冲上流，西倒则下必从东而往，其势然也。今文家江岸，受害甚大，正谓东流而西冲也。今欲治水，使文家口无受敌之患，必使上流倒西，然后下流老虎岭口势必趋东，入于疏治之处。因水之性，施治之功，沛然莫之御也。但今治东河，欲受全江之水，不使西流，非阔五十丈不可。杨家渡工程浩大，必先并力疏浚，然后并力筑塞。此河颇易，或疏或塞，可以分之。并举今计，合县夫役二万八千，宜以一万人专一疏浚东河，中流水绝。今虎岭见河身从西分（自杨渡口句至此，疑有错字），宜以六千人，实用大圆篓，填截上江，引水西流，经徐常春等家前，中流之河，四千人于老虎岭上，不用竹篓，乱堆石岭，以阻水势之西，倾用五千人于文家冲口，不必全填此口，用椿木筑一横堤，阔二丈，使江水不能泛入此口。又用三千人于龙女滩口，筑一长堤，使洪水泛滥不加于玄妙观，及东南城角永安桥之侧，候各处工力既毕，江水倒入东河，然后通并二万余人，总治老虎岭，冲西正河之口以举事。执事全功，决可收矣。举大事者，必谋于众；图万全者，必谋于始。计虑不周，始谋不审，后悔无追，事无济矣。大江能纳溪流，故能排岸而倒海。区区之为此言，一欲执事举事之有成，一使日后邑之人不曰："吾尹举事之日，某人在家，何不一尽忠言也。"狂夫之言，惟执事图之。

又

日昨奉启，非有他也，以执事举大事、兴大役，书为邑人，不可无一言也。大抵工大则宜并，工小则宜分，人众则宜散，人少则宜聚。善用人者，多多益办，在分数明白。今用人三万，数可不明乎？识者谓宜分役而治，可也。兹以见在上九里，专治东河，下八里未至者，以四里拦截江，二里乱堆石岭，三里筑文堤口，一里修龙女滩土堆堤，量工多寡，每处或委官二员、一员、分管其事，则事有头绪，里有责成，工力未毕，虽驱之使去势自难止。兵家以一鼓作气，役民亦然。初令则气振，持久则气衰，气振之时，官府号令，不怒而威，及其衰也，虽日挞之，将不用命矣。今以二万八千人聚一区区东河，恐东河既通，人心已懈，人气已衰。欲分工数处，求似今日一呼百诺，不可得矣。《传》曰："禹拜昌言。"方其治水九年，九官十二牧未必无言告也。书亦知执事厌听群言，尚又忍耻多言，以居父母之邦，睹此大事，闭目合口，实不忍也。言或不听，吾心尽矣。惟执事图利之。

与林见素书

书前岁应朝北上，留都下八月回首，中途以与闽中当道不合，具疏乞休。蜀还半载，不谓部檄再至，复趋三山一月，正欲勉强补其不足，以塞闽士民之望，不虞有抚湖之命，力绵任重，覆𬬻隐忧，尊慈必有教书也。今天子嗣极，政理一新，首起者德重望如老先生者，以大司空之任。司空古三公也，所以待老先生者亦厚矣。况柱石之托，方将倚重，今手诏临门，当即日命驾可也。古人进退出处，中焉，止矣。天下大中至正，孔子止矣。孔子曰"有道则见"，又曰"用之则行"。今圣明在上，更化用人，尊候遭际，亦法孔子而已。万一尚欲寄傲云庄，养高一世，是谓激贪立懦，足励世风，约以大中之道，不知于孔子何如哉？万一必不能已，止以筋力自陈可也。至于生平恬退直节，似不宜腾奏牍、拂君上也。尊见自有处，后生一得之愚，不敢不尽者，爱助之私也。外薄仪引，今归闽之敬，非为今日贺也。书不胜仰止之至。

与王仲修书

在浙辱惠长笺，时闻先母之讣，已即舟中，荒迷不能裁奉。旧岁家居闻报，已知自广信荣取莅滇来，未知在科在道，或南或北。二弟书来，往往遗此。近始知补道贵州，忻慰之私，容可言喻。夫御史，要官也，才者未必任，任者未必才。执事早富文学，弘器识，且发迹外郡，明习世故。今为此官，甚允时望，入而论思，出而澄清，生平剑气可腾试矣。书入仕时，甚爱张济南风宪忠告，恨不得一试此官，卒无所用。执事櫹柄在手，举而措之，则书所欲为而未能者，君可为之，无遗憾矣。舍弟忝从言官之后，幸以是相规勉焉，使天下知台谏得人皆在吾邑，不亦乡邦之荣耶？书老矣，天下事无复有是心是梦，故敢以属之君等。人皆可以为尧舜，亦为之而已矣。执事亮之，不宣。

与欧侍御书

书以应朝待罪都下者八月，每承款爱行问，恐劳动止，不及一辞，至今耿耿。一二年，闽中是非颠倒，取舍乖张。书老妪丑妇，止知日操井臼，共中馈之常而已。外不能画眉粉面作巧样，以取悦良人，不知退避，再入闺阃，自取黜逐，悔将晚矣。遂抗疏乞休，亦知止不辱之义也。君相怜才，诸君子清议，收蓄不弃，某虽无补，敢不益励初心，但恐麋鹿野心，终非牢笼物耳，恭谂按治畿内，兴除举刺，即有老成之风。台端推重，剑外有闻，盖执事凝远之度，敏达之才，多自学问中培养扩充，有本者固如是也。士贵有担当之气，尤贵有达大之识，大事不避，小过有容，若急急毛举，以快一日，至于国家大事利害所关，往往退缩，无所可否。此素乏积养，胸中无物故也。书偶有所感，故为知己者道之，亦有望于执事也。

奉杨石斋书

书闻天下有逆耳利行之言，而当路不闻，何也？君子秉政于时，可以荣人，可以辱人，人恐失荣而取辱，逆耳之言，孰为告乎？有告言者，非至痴至暗不敢也。窃惟台候秉政今日，救时可比姚崇，辅今上可比韩琦，独议礼一事，仓卒之间误于礼官。天下士不与者半，公独不闻者，位尊而恐失荣。诏下而知难挽，虽至亲在左右、至厚在门下亦多讳言，况他人乎？近二三子冒言于朝，公执弥坚，上虽强从之者，一以师傅之重然也，一以扶日之功当念也，一在冲幼之年不能为独断也。虽然，愤闷不平之心，郁积于中深矣。举朝不敢尽言，非以公在位故耶？设一旦去位，有乘间而入者，恐终不能晏然矣。《易》曰："知几其神。"此有机伏于中，公独未之觉耳。谚曰"当局者迷"，彼旁观有知者，自非天下之痴人，孰肯以是告乎？夫中毒深者，非大发泄，毒不可解，道一而已，是则一，非则二，未有持是非两端可以正人心、破群议、回人君之惑者。为今日计，有大道焉，宜翻然改悟，急上言曰："臣夙夜痛思，臣误礼官仓卒之言，使主上孝心莫伸，万死莫赎，伏望容臣草诏，大告天下，使陛下之心上通乎天，表暴臣罪于天下，将臣罢归田里。"则天子感格眷留弥笃，君臣之间一气流通，谗间难入，言听计行，官校可免，织造可停，天下可大有为。论者不咎此，而归于言者睽违中外，可谓不揣本而齐末矣。书谓公宜乘时早断，失今不为，且谓今日同在政府者，可保无后言乎？他日代公者，可保不改为乎？公不自为，他人为之，则怨归于公，德归人矣。不待智者逆知必然矣。此书夙夜展转，不避斥责，汲汲为公图也。万或仍执礼臣之言，则言者日多，争者愈力，后事书不知矣。书久欲言此，不幸旧有狂言，持嫌不果，今事机有感，书念三十余年受知门下，不忍默无一言。万一以书为妄，他日思书之言，亦已晚矣。书为此言，虽吾弟不敢以告。赈荒危迫，修词失次，干犯台严，无任惴悚。

跋 ①

　　呜呼！此我先公遗文也。先公少也贫，既冠，始就学，经史子籍，每借观于人，燃膏继晷，志甚笃也。自入仕即为县令，为部属，为藩臬，为台抚，日理□书刑名之事，然犹观书，夜分弗辍也。其为学，务践履，至于诗文，若非学之所在，故多不存稿。其所存者，一付诸吏人抄写，讹字缺句，至不可解。今选其可读者止此，固不肖之罪也。在淮安与芦泉刘公讲学，有《三礼春秋私论》十卷。在贵州与阳明王公讲学，有《定性续书》二卷，皆未脱稿。在工部有《漕船志》一卷，在礼部有《大礼纂要》二卷，已刊布有司矣，咸不在集中。先公平生不欲以文字表见于世，今敢遽刻梓者，所以传家乘诏来裔也。吾后人读其文，逆其志，不浅知乎公，斯可矣。呜呼，悲夫！

　　　　嘉靖十有八年己亥孟秋一日，不肖孤尚宝司丞席中泣血谨志

---

① 标题为点校者所加。

后记

古籍整理常被人谓之"为他人作嫁衣"之举，甚至抑之为"只出文献，不出思想"。这可能是现代学术评价下的流行观点，我以前对此也有认同。然近年通过整理《王阳明珍本文献丛刊（全十五册）》（社会科学文献出版社2018年版），《传习录（三全本）》（中华书局2021年版），《邹子愿学集》《邹子存真集》《南皋邹先生会语讲义合编》《邹忠介公奏疏》（孔学堂书局2023年版）和眼前点校完成的《元山文选》以及《邹元标集》等另外几部正在进行的阳明学文献，已然有了不同的感受：文献即思想。此中包含着丰富的内涵，这是不亲自做古籍整理难以真切体会到的，此不一一。

古籍整理是一个艰苦而漫长的学术体验过程，《元山文选》的点校亦是如此。2013年，因为写作博士论文的需要，我查阅、收集了席书、邹元标、蒋信、孙应鳌、李渭等与黔中王学相关的诸多阳明学士人的刻版文献，当时，他们的文献多数还没有点校出版，遂有了整理"黔中王学文献丛书"的志愿。然终因版本所限，延宕无果。博士毕业后，我于2015—2016年在北京大学哲学系作访问学者，借此机会，查阅、丰富了诸多文献资料，特别是在版本方面，《元山文选》即是其中之一。由于古籍不可带出古籍室和复印，即便购买也有数量限制，至今犹记得枯坐书室逐字抄写的情形。在大量积累文献的基础上，我于2015年申报了"明代黔中王学文献整理与研究"的课题，共含五部古籍点校整理。由于研究计划调整，2018年课题结项时，仅完成了其中三本，而《元山文选》是其中最完整的一本。课题研究期间，单位购买了《明别集丛刊》，其中收录了北大图书馆藏的《元山文选》［明嘉靖二十年（1541）遂宁席氏刻本］。课题结项后，我们又据此进行了校对整理，修订了不少原来抄写之误，并于2019年12月完成。期间，我们也计划以"黔中王学文献丛书"的形式结集出版，奈何白云苍狗，世事无常，未俟完善，计划泡汤，最初之志愿无法实现。

2021年初，一次与孔学堂书局张发贤副总编谈到书局宏大的《阳明文库》出版计划，我的几部点校书稿幸得以列入首批聚焦黔中王学文献整理的著作出版计划之中。借书局与国内多家图书馆古籍部签订的框架协议，我们有条件比对和完善了多部书的版本，提升了点校质量。就《元山文选》而言，此间我们也关注到了胡传淮、李宝山二位学者于2022年9月点校出版了此书。这对我们的后期校对提供了一定的参考，在此表示感谢！但更多的是激励我们聚焦学派，系列整理，快出成果。

《元山文选》付梓在即，寄言于此，一表感谢，在文稿整理校对过程中，参考了诸多专家学者的著述，并得到许多建设性的建议，在此表示感谢！点校者限于学力和经验不足，尚有诸多拙陋之处，敬请各位专家学者批评指正！

最后要特别感谢孔学堂书局张发贤副总编、陈真责编、禹晓妍责编专业负责的修改建议，使拙著不断得以完善，终得成此书。

陆永胜

2023年10月于南京